脱植民地化

帝国・暴力・国民国家の世界史

Decolonization
A Very Short Introduction

Dane Kennedy

デイン・ケネディ

長田紀之 訳

白水社

脱植民地化

——帝国・暴力・国民国家の世界史

装幀＝コバヤシタケシ

インターナショナル・ディコロナイゼーション・セミナーの一五〇人の卒業生たちへ

目次

凡　例

一、本書は、Dane Kennedy, *Decolonization: A Very Short Introduction* (New York: Oxford University Press, 2016) の全訳である。
一、外国語のカタカナ表記については、原則として、人名は『岩波世界人名大辞典』(岩波書店、二〇一三年) に、その他の用語は高校世界史教科書に準拠した。
一、訳文中の ( )、[ ]、——は原著者によるものである。ただし、ダーシについては一部、原文から取り外したり、追加して訳出した箇所がある。
一、原文中の引用符 (クォーテーション) は「 」で括り、大文字で記された文字についても「 」で括った箇所がある。
一、原文中にイタリック体で記された箇所には、原則として傍点を付した。
一、訳者による補足および簡単な訳注は、すべて〔 〕で括って挿入した。
一、原著で引用されている文献のうち既訳のあるものは、わかる範囲で書誌情報を併記した。また、訳出にあたっては可能なかぎり既訳を参照したが、訳文については必ずしもそれに拠らない。
一、原著の明らかな間違いや体裁の不統一については、訳者の判断で整理した箇所がある。
一、索引は原著に則って作成したが、一部、訳者のほうで整理した箇所がある。

謝辞

ショーン・マクヘイルとジェイソン・パーカー、出版用原稿を読んでくれたジェニファー・フォーレイとマイケル・コリンズには、非常に有益なコメントをくれたことに感謝したい。彼らのおかげで私は、数えきれないほどの事実の間違いやピントのズレを免れることができた。ウィリアム・ロジャー・ルイスには、特別な感謝の言葉を贈る。彼は二〇〇六年の第一回のインターナショナル・ディコロナイゼーション・セミナーの教授陣に参加するよう私を誘ってくれ、彼自身の学識が私たちの脱植民地化の理解をかたちづくるのに大いに貢献した。彼とセミナーのほかの指導者たち、すなわちフィリッパ・レヴァイン、ジェイソン・パーカー、ピラリゼティ・スティル、マリリン・ヤングや、ゲスト教員のジェニファー・フォーレイとロリ・

ワットから学ぶところは大きかった。しかし、私が最大の恩義を負っているのは、過去一〇年間にセミナーに参加した一五〇人の若手研究者たちである。これらの才能ある人びとに出会い、学びを得られたことは、私にとって大きな幸運だった。彼らは広範な国々から参加し、とても豊富な経験、洞察、知識をセミナーにもたらしてくれた。この本は彼らに捧げられる。

序　論

国際連合は、一九四五年に設立されたときの加盟国五一か国から大きく発展し、今日では一九三か国が加盟する。この間に承認された新しい国家の大多数は、ヨーロッパの帝国支配体制群が崩壊した結果として誕生した。それらの新国家は、植民地帝国の世界から国民国家《ネーション＝ステート》の世界へという歴史的転換の産物である。ほかの種類の帝国がその転換を持ちこたえ、グローバルな情勢に影響を及ぼし続けたのは間違いない。しかし、そうした帝国も、国民国家を重んじる国際システムのなかで活動することを余儀なくされている。そこでは、領土保全と主権に対する国民国家の主張が重視され、主権はなんらかの仕方でその「人民《ピープル》」に由来するということが約束事として尊重される。この近代国際システムにとって受け入れがたいものと考えられてきたのが、植民地主義、すなわち、外来の権力が別の人民のうえに直接支配を押しつけることである。この立場は、一九六〇年の第一五一四号決議で最高潮に達する、一連の国際連合決議で確認された。これらの決議は、植民地主義を「人権の深刻な侵犯として」非難し、ネーションの自決は「法的拘束力をもつ」と宣言した。こうした宣言は、政体と人民との関係を規定する国際的な規範に重大な変化が起きていたことを示している。

この変化を引き起こした動乱の過程が、脱植民地化《ディコロナイゼーション》として知られるようになった。この言葉は一九世紀前半に、フランスのアルジェリア征服に反対するフランス人ジャーナリストによってつくり出されたようだ。続く二、三〇年間にその用法を取り入れる者もあったが、それからほぼ一世紀にわたってこの語は政治語彙から消えた。一九三〇年代におけるこの語の復活が、ドイツ・ユダヤ人の著名な社会科学者で、ナチスから逃れてロンドン・スクール・オブ・エコノミクスで教鞭を執ったモーリッツ・ユリウス・ボンの功績とされることも多い。とはいえ、第二次世界大戦までこの語はほとんど知られていなかったし、一般的に使われるようになるのは一九六〇年以降のことであった。

『オックスフォード英語辞典』は脱植民地化を「以前の植民地からの植民地権力の撤退(withdrawal)、そうした植民地による政治的もしくは経済的な独立の獲得(acquisition)」と定義する。この定義におけるキーワードは「withdrawal」〔申し込みの撤回などにも用いられる〕と「acquisition」であり、これらの語には相互の同意によっておこなわれる冷静な金融取り引きという含みがある。こうした連想は『オックスフォード英語辞典』が脱植民地化の同義語に挙げる「transfer」〔譲渡、移転〕によって補強される。この名詞は、法律用語で「ある人物から別の人物への財産の引き渡し」を意味する。第二次世界大戦後の数十年間に相次いだ、注意深く演出された数々の独立祝賀式典において、まさしくそのような引き渡しが履行されていった。私たちは、ニュース映画の場面やスチール写真を通じて、これらのイベントの一端を垣間見ることができる。そこに映るのは、植民地官吏やナショナリストの指導者たちが壇上に立ち、演説し、文書に署名をし、握手を交わし、楽団の演奏と群衆の喝采のなかで旗の上げ下げを見守るさまである。こうした言葉や映像は、第二次世界大戦後の数十年間における帝国の崩壊と新しい国民国家の興隆を、まるで合意にもとづくプロセスであり、平和裏に主権が譲渡されたかのようにみせてきた。

これほど真実からかけ離れたこともないだろう。脱植民地化は暴力と激しい競争をともなうプロセスであった。そこでは帝国の支配者たちと植民地の被支配者たちとが対抗し、反植民地主義のナショナリストたちもまた互いに相争った。しかし、儀式ばった主権譲渡の舞台に代表を立たせた双方の当事者にはどちらにも、威風堂々たる式典に先立つ騒乱とトラウマをできるかぎり矮小化しようとする理由があった。植民地の諸人民を自らの管理下に留めておくことができない帝国の諸国家にとっては、権力の喪失を利他的な行為として描くことが望ましいのは明らかだった。つまり、被支配者たちが自治の責任を担えるようにするために植民地支配の重荷を引き受けて準備している、という長年の主張が現実のものになったというのである。しかし、これはしばしば、植民地にしがみつこうとする帝国諸国家の必死の決意と矛盾した。そうした決意のあらわれとしてもっとも悪名高いのは、容赦のない反乱鎮圧作戦であり、脱植民地化の歴史に長く暗い影を落とした。権力の譲渡に先行する暴力と無秩序によって、善意を主張することも優雅に退出することも叶わなくなると、帝国当局は文書の破壊や故意に忘却を進めることを通じて、そうした不愉快な事柄を公共の記憶《パブリックメモリー》からできるかぎり消し去ろうとした。

植民地当局に取って代わったネーションの支配体制もまた、ほとんどの場合に権力の譲渡と同時に起きた大動乱について、選択的な記憶喪失を助長していく相応の理由を有していた。公定の歴史ではたしかに、独立を勝ち取るのに必要とされた闘争が称揚され、新しいネーションの創建者たちの試練や艱難辛苦に特別な関心が向けられた。しかし、異なるかたちで構成される国家およびネーション概念を追求した集団や個人は、そうした努力が内戦や民族浄化に結びついたこともあり、公定史のなかで無視されたり、悪者扱いされたりした。こうして、帝国の支配者とその後継者の双方は、出来事を選択的に、かつ無害化して描くバージョンの歴史叙述を促進していくことに利害の一致をみた。それは、それ自体を政治エリートによって進められた合理的なプロセスとして提示するものであり、政治エリートが下したもろもろの決定は、あたかも彼らが代表する政府の正統性を確認し、彼らがしたがっていると主張する国際システムの論理を肯定しているかのように描かれた。

いくつかの植民地が大きな暴力を発生させずに独立を達成したのは真実である。アルジェリア、アンゴラ、ケニア、ベトナムのようなところでの、植民地支配者に対する長期にわたる血みどろの戦いが同時代人の注意を大いに引きつけ、歴史家やその他の学者たちによる精査を生み出し続けたことも同様に真実である。しかし、これらの事例はしばしば特異な例、つまり、植民地従属下にあった諸人民に主権が平和裏に譲渡されるという、広範にみられるパターンの例外とみなされてきた。

こうした見方はとくに、海外に最大の帝国を有したイギリスにおいて広く行きわたってきた。たとえば、一九六一年に同国の元首相のクレメント・アトリーは、イギリスは「自ら進んで各地の臣民に対するヘゲモニーを手放し、彼らに自由を与えてきた」、しかも「外部からの圧力もなく、支配することの重荷にくたびれたのでもないのに」そうしたのだと述べた。イギリス帝国史家の一部には依然としてこうした見方を支持する者がいる。彼らは、イギリスの脱植民地化を周到に準備された比較的平和なプロセスとして描き、その過程ではほかの帝国列強（とりわけフランス）が陥った過ちが回避されたと考える。しかし、これまでの研究が明らかにしてきたのは、植民地の被支配者たちに対する権力を維持するためにイギリスが躊躇なく軍事力に頼り、万策尽きたときにはじめて撤退したということであった。近年、歴史家たちは、第二次世界大戦中および戦後のアジアのイギリス領全体にわたって吹き荒れた暴力、インドの分離独立にともなう悲惨なトラウマ、ケニアのキクユ人の大半を収監した残酷な反乱鎮圧作戦など、イギリス帝国末期の数十年間にしばしばあらわれる陰鬱なエピソードの数々に関心を寄せている。そして、イギリス支配の最後の数年間の当局による犯罪を詳述する無数の植民地文書が体系的に破棄されていたことや、政治的に厄介であったり法的に犯罪の証拠になりえたりするおよそ九〇〇〇ものファイルが、数十年間にわたってハンスロープ・パークの秘密の政府文書保管所にしまい込まれていたことが暴露されるにつけ、イギリスもほかの帝国諸国家と同様に、権力を維持するためにはどんな手段も厭わなかったというすでに広まりつつあった共通理解が確かめられた。

では、もし脱植民地化という言葉が、あまりにも冷血で、イデオロギー的にコード化されすぎていて、第二次世界大戦後の諸植民地帝国の崩壊にともなう騒乱と苦しみの大きさを適切にあらわすことができないのであれば、私たちはほかにどんな言葉を使えるだろうか。戦争か、革命か、あるいはテロか。これらの言葉は、植民地支配体制に終止符を打った変動の歴史的な特異性を含意できないけれども、他方では、取り引きを連想させる脱植民地化の語ではほとんど伝えられない、その変動の特徴のいくつかの面を指し示している。さらにいえば、戦争や革命やテロがこれらの出来事の不可欠の要素だと認識することによって、私たちは戦後における諸帝国の解体という物語をより広い歴史的文脈のなかに置けるのである。とくに、そうした認識は、より早い時期に起きた数回の帝国の危機にも私たちの注意を向け、帝国の崩壊には一定のパターンがあることを明らかにしてくれる。これらのパターンは、現代世界の成り立ちを記述する際に、私たちが慣習的に用いる年代上およびテーマ上の区分のいくつかを横断するものである。

私たちが脱植民地化と通常みなすのは、第二次世界大戦後の数十年間に第三世界として知られるようになるものの各地で、複数の植民地帝国が崩壊し、新たな国民国家群が創出されたことであった。しかし、この激変は前代未聞とは言いがたかった。それ以前にも、帝国間のグローバルな衝突が数回にわたって脱植民地化の波を引き起こしていた。最初の波は一七七六年から一八二〇年代にかけて新世界で起き、第二波は一九一七年から一九二〇年代までに旧世界で起きた。一九八九年以降のソヴィエト連邦の崩壊が、こんどは第四の波をなした。第三世界の脱植民地化と同様に、それ以外のこれらの波も、いくつかの帝国の細分化、ほかの帝国の拡大と再構成に帰結し、諸帝国の狭間で新しい諸国家、つまりかつての支配者である帝国と自らを区別するために国民国家として自己形成した諸国家が、勃興することにつながった。

第三世界の脱植民地化を先行するふたつの波と後続するひとつの波という文脈にのせると、いくつかの重要なテーマが視野に入ってくる。第一に、帝国間のグローバルな戦争がこれらの出来事に果たした重大な役割である。戦争は経済的・政治的な危機を生み出し、植民地従属下の諸人民が独立を追い求める動機と機会を提供した。第二のテーマは、植民地支配に反対する者たちがとることのできた選択肢に関わる。国民国家がもっとも一般的に追求される代替案になったが、それが唯一の道というわけではなかった。国民国家を支持する者たちでさえも、その構成について相反するビジョンを提示しあうことがしばしばだった。このことが、こんどは私たちの第三のテーマを導く。すなわち、帝国から新しい国家をつくり上げる闘争のかなり多くにともなう、広範な暴力と頻繁な人口移転である。最後に、このような広い歴史的視角をとることによって私たちは、脱植民地化の過程が必ずしも帝国主義の拒絶や否定を意味せず、またそれによって諸帝国が完全に舞台から姿を消すのでもないことを確かめられる。たいていの場合、諸帝国は単に新しい形式へと自らを再構成するだけである。

この入門書は、新旧両世界の諸植民地帝国に終焉をもたらした時代的にも地理的にもはるかに広い文脈のなかで組み立てられる一方で、第二次世界大戦後の数十年間における第三世界の脱植民地化に焦点を当てる。この変動は、一九四〇年代半ばから一九七〇年代後半にかけて、いくつかの段階を経て起きた。第一段階は第二次世界大戦の直後に発生した。これは、南アジアにおけるイギリスの領地――インド、パキスタン、セイロン／スリランカ、ビルマ／ミャンマー――、ならびにアメリカ領フィリピン、そして中東でイギリスとフランスが支配する領域、とくにパレスティナ／イスラエル、ヨルダン、レバノン、シリアの独立に帰結した。ずっと広範囲に及ぶ第二段階は一九五〇年代前半に始まり、一九六〇年代後半に終わる。この時点までにアジアの（香港を除く）残り全域、北アフリカの全部、サブサハラ・アフリカのほとんど（そこでは三〇を超える数の新たなネーションが生まれた）、カリブ地域の大部分においてヨーロッパの植民地支配は崩壊した。一九七〇年代には、脱植民地化の第三段階がアフリカと東ティモールのポルトガル帝国を終わらせ、ローデシアの反逆的な白人支配体制（白人入植者の現地政府がイギリスに対し

〔て一方的独立宣言を発して成立〕を崩壊させ、太平洋島嶼部とカリブ地域のさまざまなネーションのほか各地に散らばるいくつかの領域に独立をもたらした。一九七〇年代の終わり、西洋の諸植民地帝国を一掃した大洪水のあとに残されたのは、さながら嵐による漂流物のようなバラバラのわずかな属領だけであった。

脱植民地化の最後の大波が、一九九〇年代初頭にソヴィエト連邦の消滅とともに起きたことは疑いない。しかし、私たちが住む世界は、国際連合を現在構成する加盟国のかなり多くを生み出した〔脱植民地化の第三波の〕闘争に、深遠な影響を受け続けているのである。この小著の目的のひとつは、こうした過去が依然として私たちの身近にあると気づかせることにある。本書は私たちの注意を帝国の危機と存続の双方に向け、国民国家の有望さとその限界を照らし出す。また、植民地の従属からネーションの独立への移行が招くコストについて、正しく認識すべきだと主張する。そうしたコストはなによりも、命を失った数百万の人びと、そしてさらに数百万の故郷を追われた人びとに関するものである。だから、この本は脱植民地化を賞賛するものではない。反対に、きわめて重大なこの一連の出来事について、その問題含みの面、悲劇的ですらある面に注意する。脱植民地化が実現させたこと、そして実現させなかったことの多くは、私たちが今日直面するグローバルな課題と関係している。

第1章　脱植民地化の複数の波

脱植民地化は、二〇世紀の第3四半期におけるヨーロッパの複数の植民地帝国の終焉とアフリカ、アジア、太平洋、すなわち第三世界での約一〇〇の国民国家《ネーション＝ステート》の設立とをもたらした政治的大変動を指すというのが慣例的な理解である。だが、それを名づけるために「脱植民地化」という用語がつくり出されたこれらの出来事には、いくつかの先例があった。同様の帝国の危機によって、一八世紀後半から一九世紀前半のアメリカ側の半球（新世界）では約二〇の国民国家が、そして、二〇世紀前半の中部および東部ヨーロッパ（旧世界）ではさらに一〇近くの国民国家が誕生した。これらの先行する大変動を脱植民地化というレンズを通して眺めると、私たちは第三世界の国々を生み出した大きな変化を、より広い歴史的文脈に載せることができ、その原因と結果に関する理解を豊かなものにすることができる。

新世界の脱植民地化

脱植民地化の第一波はアメリカス〔両アメリカ大陸と、カリブ海などその周辺地域を含む〕で生じた。始まりは一七七六年、北アメリカの植民者がイギリス支配に対して反乱を起こし、アメリカ合衆国の創設にいたった。つぎに一七九一年、サン＝ドマングのフランス植民地において奴隷が反乱を起こし、苦しい戦いの末にハイチとして独立した。ハイチは西半球でヨーロッパによる支配から抜け出した二番目の国となる。一九世紀前半には、スペイン領アメリカの全域にわたっていくつもの独立戦争が発生し、北部メキシコの平原からパタゴニアの山地にいたるまでの広範な地域に一連の新生国民国家が誕生した。この時期にはまた、南アメリカの諸領域のうちで最大のブラジルで、ポルトガルによる支配が終焉した。

アメリカ独立革命の大きな要因は、七年戦争（一七五六～六三年）中にイギリスとフランスがそれぞれの同盟者とともにグローバルな帝国間闘争を展開し、帝国としてのイギリス国家と北米の植民者たちとの関係が経済的にも政治的にも耐えがたいほど緊張したことであった。一七七六年に植民者たちが反乱という挙に出たとき、その成功はおぼつかなかったが、イギリスとライバルの諸帝国との戦争が、まず一七七八年にフランス、次いで一七七九年にスペイン、一七八〇年にオランダ共和国とのあいだで再燃すると、潮目が変わって反乱者たちに有利な流れが生じた。それと同時に、反乱を起こした植民地を別の帝国が支配しようとしたり、あるいは併合しようとさえするリスクがあった。独立宣言の主要な目的のひとつは、「宣戦、講和をなし、同盟、通商の条約を結び、その他の独立国として当然おこないうるいっさいの行為をなす権限」をもつ主権国家としてのアメリカの地位を主張することだった。

独立宣言の基本原理は人民主権という急進的な考えであり、政治的権威は「人民《ピープル》」に由来すると仮定した。こうした主張が国民国家の概念を可能なものにした。しかし、ここでいう人民とは誰であろうか。戦後、六～一〇万人の王国忠誠派が流出したことで、ナショナル・アイデンティティの感覚と政治的な目的を共有するためのイデオロギー空間がある程度確保され、人びとは自らをアメリカ人と認識するようになった。しかし、その輪郭が形成されるためには、土着のインディアンや奴隷化されたアフリカ人に対する市民権の否定や女性の権利の制限もまた、決定的に重要だった。新たな国家がネーションであるかぎり、それは人種やジェンダーによって境界を定められた。さらにそれは、帝国としての野望をもつネーションでもあった。トマス・ジェファソンの宣言でよく知られているように、合衆国は「自由の帝国」だったのである。

その後の新世界における植民地支配に対する諸反乱は、フランス革命戦争およびナポレオン戦争（一七九二～一八一五年）の結果として生じた。これらの戦争は、いくつかの重要な点において、以前からのイギリスとフランスとのグローバルな闘争の続きであった。大きな利潤を生み出すフランスの砂糖植民地サン＝ドマングでは、一七九一年に奴隷反乱が勃発したが、もしフランスで革命の蜂起がなければ、新世界中でみられた同様の反乱の多くと同じ運命をたどっただろう。本国での革命は帝国支配を再建しようとする試みを妨げるだけでなく、多くの黒人の（そして一部の白人の）自由人たちを鼓舞して反乱に参加させ、組織化においてもイデオロギーにおいても反乱を大いに方向づけた。パリの革命家たちは、奴隷制の廃止と植民地臣民への市民権付与とによって、リベラルな線に沿った帝国の再構成を試みた。しかし、ナポレオンが権力を握ると、彼は両方の動きを巻き戻したため、同島の反乱者たちにとって独立だけが唯一とりうるべき選択肢となった。サン＝ドマングを征服しようとするイギリスの楽観的な企ては、続くナポレオンによる植民地奪回の試みと同様に失敗に終わった。一八〇四年、侵入したフランス軍を最終的に撃破したことで、この植民地はハイチという国になった。しかし、ハイチの独立達成によって最大の恩恵を受けたのはアメリカ合衆国だっただろう。ナポレオンは、ハイチのプランテーション労働者たちを再奴隷化することを望み、ルイジアナをその労働力を扶養するための穀倉に変える計画を立てていたが、その計画が挫折したあと、合衆国はナポレオンからルイジアナの領地を購入したのである。この購入によって合衆国はその規模を倍増させ、大陸制覇への第一歩を踏み出した。

新世界におけるイベリア半島諸国の植民地にとっては、一八〇七〜八年にフランスが、ポル

図版 1　ハイチ革命の指導者トゥサン・ルヴェルテュールが 1801 年 7 月 1 日に新国家の憲法を披露するところ。フランス革命にまつわる図像学上の含意に富むこのプロパガンダ版画はまた，カトリック教会がハイチ革命を是認し，神が高みから祝福を与える様子も描いている。

トガルとスペインを侵略したことが脱植民地化を推し進める主要因となった。ポルトガルの王室はブラジルに逃げられたが、ナポレオンはスペイン王をパリにおびき寄せて退位させた。このためスペイン領アメリカでは権力の空白が生じ、多くの植民者たち、とりわけスペイン人の子孫であると主張するクレオールたちが政治的自律性の拡大を唱えてその穴を埋めようとした。一八一二年、カディスのスペイン亡命政府はリベラルな憲法を起草し、同憲法によって、新設の帝国議会における代表権がクレオールに与えられた（ただし、黒人やムラートには与えられなかったが）。エドマンド・バークのようなイギリスの政治家はアメリカ危機に際して同様の解決策を提案しており、また、フランスも第二次世界大戦後にほとんど同じ戦略を採用し、新憲法のもとで帝国的なフランス連合の一部として植民地の諸人民に市民権が与えられることになった。しかし、スペイン領アメリカではカディス政府に対する意見が割れ、結局のところ、こうした政治上の実験はナポレオン失脚後のスペイン王政の復活によって途絶してしまった。アメリカスにおいて王室の権威を立て直そうとする努力は、広範に及ぶ激しい抵抗を招き、帝国の軍勢を疲弊させるにいたった。ポルトガルにおける王族の支配体制再建はブラジルで同様の抵抗を引き起こしたものの、こちらの事例では、敵対はそれほど破壊的なものではなく、その結末もさほど革命的ではなかった。独立したブラジルは、君主制と奴隷制のどちらも維持したのである。

ナポレオン戦争後の一〇年間、反帝国の闘争はスペイン領アメリカの全域にわたって多数の新国家を生み出し、そのうちのほとんどはアメリカ独立宣言に倣った独立宣言を発した。アメリカ独立宣言を著した人びとと同様に、これらの新国家もまた、ほかのヨーロッパ帝国が自国を併合しようとするのではないかと心配した。そのような結末を避けるのに、合衆国がアメリカ半球の新生独立国家に対する外部権力の干渉に反対すると警告したモンロー主義（一八二三年）と、イギリスが新国家の主権を認める貿易協定の締結に前向きだったことが助けになった。しかしながら、いずれの決定も私心なくなされたものではなかった。両国とも新しい脆弱な国々に対して非公式帝国としての影響力を行使しようという決然たる意志を表しており、それもイギリスの場合には、失敗した一八〇六年のアルゼンチン侵攻も含む、より直接的な権力行使の試みが早い段階でなされたあとでのことだった。

脱植民地化の第一波を特徴づけるのは、それにともなう暴力と無秩序である。新世界におけるこれらの紛争では、どれについても信頼のおける死傷者数を得られないが、断片的な証拠からだけでも恐ろしいほどの犠牲が出たことが示唆される。アメリカ独立革命では、戦闘によって、もしくは栄養失調や病気によって、一〇万人もの戦闘員が命を落とした可能性がある。この推計は、戦争中に一三植民地で猛威をふるった天然痘流行による多大な死者数を含んでいない。サン＝ドマングの長期にわたる独立闘争で亡くなった者たちの数は、おそらく数十万人に及んだ。さらに、紛争を逃れてほかのフランス植民地やスペイン領アメリカ、合衆国へと渡る難民が相次いだ（これが難民を受け入れた人口集団での致命的な黄熱病の流行という意図せぬ結果をもたらした）。そしてアメリカにおける複数のスペイン植民地の独立へといたる一連の戦争が甚大な規模の暴力を生み出し、それらの社会に後々まで癒えない傷を残した。たとえば、王党派によるカルタヘナの包囲で、この巨大で重要な植民地都市の人口の三分の一が殺された。反逆者たちもまた非情さでは劣っていなかった。アルゼンチンの革命家マリアーノ・モレーノは、「たとえそれが人肉を食らう輩やカリブ族の習俗のようにみえる手段をとることを意味しても、いかなる犠牲を払っても首を切り落とし、血を流し、身を賭す」ことを唱道した。

広範に及ぶ暴力をいっそう悪化させた原因は、反逆者たちが創建しようとする国家のあり方についての合意を欠いていたことであった。偉大な革命指導者シモン・ボリバルは南アメリカの北部一帯を含み込む大コロンビアを構想したが、この野心的事業は一八三〇年の内戦のなかで潰え、そのあとにベネズエラ、コロンビア、エクアドルの国々が残った。同様に、大陸の南部における超域国家の提唱者たちも遠心力を克服することはできず、その結果としてアルゼンチン、ウルグアイ、パラグアイ、ボリビアといった個別の国々が生まれた。ペルーとボリビアを合併しようとする努力もまた失敗した。弱体の中央アメリカ連邦は一八三九年に五つの独立共和国へと分裂した。こうした小さな共和国ですら、市政レベルでの主権を主張する個々の町の分離主義的な野望を抑え込むのに苦労した。細分化が起きたのは、それらの領域の住民たちのあいだに深くナショナリズムの感覚が根づいていたためなどではまったくなかった。そうではなく、地主や商人など在地の陰の実力者たちが自らの影響力と特権を守ろうと決意を固めていたためである。彼らの利害の衝突が、より強大な合成国家をうち立てようとする努力を掘り崩した。

ラテンアメリカで起きたことよりも驚くに値するのは、アメリカ合衆国が同じような遠心力を克服するのに成功したことだろう。独立を主張する一三植民地のあいだで同盟条件の原型を定めた連合規約のもと、合衆国は自律的な諸主権国家／州《ステート》の連邦体として構想された。こうした連合規約での取り決めが政治的細分化を招くだろうことは明らかであった。なぜなら、個々の国家／州は西部の土地をめぐって競いあい、互いに貿易制限をかけ、連合から離脱すると脅していたからだ。一七八六年、合衆国の権威を代理する者たちに対する怒りがシェイズの反乱として知られるマサチューセッツ西部での武装蜂起を引き起こすと、より強力な中央政府の必要性を否定するのはますます難しくなった。翌年にフィラデルフィアで開かれた憲法制定会議では、連邦政府にずっと大きな権力を与える新憲法が起草された。新憲法は連邦政府に、税を取り立てて収入を得ること、軍隊を保持すること、新しい領土の合衆国への組み込みを監督することを可能にする手段を与えるものだった。これが、数多くあったインディアンの諸政体は言うに及ばず、スペイン、フランス、イギリス、ロシア、メキシコを犠牲にして、アメリカが大陸を横断して拡大していく基礎を築いた。

旧世界の脱植民地化

この脱植民地化の第一波と次の第二波とのあいだに、なぜ一〇〇年もの時差があったのだろうか。従属下の諸人民が植民地支配に満足していた黄金時代という観点から説明できないのは確かだ。一九世紀と二〇世紀前半は、諸帝国に対する数えきれないほどの反乱によって特徴づけられた。これらの反乱の多くは、ネーションのあり方や国家のあり方についてのビジョンを明瞭に打ち出すことはなかったが、新世界で成功を収めた反乱のほとんども、その初期段階においてはまったく同じだった。一八五七年のインド大反乱のように最重要の動乱であっても、往々にして、国家建設プロジェクトのために活かしうる制度上・イデオロギー上の基盤をつくり上げる前に潰されてしまった。これは部分的には、同時期に広がった劇的な技術上の懸隔、すなわち主要な帝国の軍事的剛勇とほとんどの反乱者が限定的な火力しか手にできなかったこととのあいだの懸隔によった。また、一八一五年から一九一四年までの期間には、諸帝国を衰弱させるグローバルな戦争がなかったことの結果でもあった。もしそうした戦争があれば、帝国内の紐帯は損なわれ、諸帝国が反乱を弾圧する能力も低減したことだろう。

オスマン帝国がヨーロッパ南東部に有していた領土の大部分では、一八二一年にギリシアの半島部が、一八七八年にセルビア、ルーマニア、ブルガリアが、一九一二年にアルバニアが独立を獲得したことで、ある種の脱植民地化が巻き起こった。しかし、これらの動乱には敵対する諸帝国が重大な役割を担っていた。イギリスとフランスはギリシア人を援助し、ロシアは新興の諸スラヴ国家を支援しつつ、自らオスマン帝国領を奪い取り、ハプスブルクはボスニア＝ヘルツェゴヴィナを併合した。このように諸帝国が参与したことは、この時期、脱植民地化ではなく、ほかの強国による自領の分割こそが弱体化した諸帝国にとっての現実的な危機であったことを指し示している。日本は一八九五年に朝鮮と台湾を中国の支配から奪取し、帝国列強のひとつとして国際舞台への登場を宣言した。アメリカ合衆国は一八九八年、衰亡したスペイン帝国の残された植民地を狙って同国との戦争に突入し、海外領土をもつ帝国になることを目指した。スペイン支配打倒のための闘争を大きく前進させていたキューバ人とフィリピン人にとっては、アメリカの介入はそうした努力を阻止するものだった。ふたつの植民地はグアムやプエルトリコとともに合衆国に割譲され、合衆国はフィリピン人の反乱を鎮圧するとともに、キューバを非公式の保護領に変えることで同島の反植民地闘争を乗っ取ってしまった。

脱植民地化の第二波を可能にしたのは第一次世界大戦であった。当時、亡命先のスイスからこの戦争を見守っていたロシア人革命家ウラジーミル・レーニンの判断によると、この巨大な闘争は、世界の「分割および再分割」を求める帝国列強のあいだの「併合主義的で、侵略的な略奪戦争」であった。この戦時下での評価には多くの利点があったが、戦争が交戦国の列強自体、とくに中部および東部ヨーロッパを支配した諸帝国に及ぼすインパクトを予見することはできなかった。戦争がもたらし戦後も続いた緊迫のもとで、ユーラシアの陸の帝国は相次いで崩壊していった。

最初に滅んだのは、一九一七年のロシア帝国だった。ツァーリ体制の崩壊がボリシェヴィキに道を開いたが、ボリシェヴィキは政治的に生き残るために講和を申し出なくてはならなかった。ドイツ主導のブレスト＝リトフスク条約にしたがってボリシェヴィキがロシア西方の辺境諸地域を引き渡し、続いてドイツ自体も一九一八年一一月に敗北すると、ポーランド人、フィンランド人、エストニア人などが独立国家をうち立てる余地が生まれた。ジョージア人、アゼルバイジャン人、およびその他の諸人民も同じように自由を得ようと努力したが、ボリシェヴィキは最終的に政治的細分化、内戦、外国による干渉を克服した。すなわち、ロシア帝国の南方と東方の諸州を取り戻し、それらを新しいイデオロギー的・組織的な基礎によりソヴィエト社会主義連邦共和国として鋳直したのである。

ハプスブルク帝国はそのような再生を果たすことが叶わなかった。この帝国は第一次世界大戦の終盤で驚異的な速さで分解した。帝国の核心部が縮小してオーストリアという残り物の新国家になる一方、帝国のほかの部分はうわべだけのナショナルな線に沿って細分化し、チェコ人、ポーランド人、ハンガリー人、その他が主権を主張した。大陸ヨーロッパ列強のなかでもっとも若く、もっとも攻撃的だったドイツ帝国は、海外植民地を刈り取られ、ヴェルサイユ平和条約によって本国領土のかなりの面積を近隣の諸国家へと引き渡すよう強要された。最後に、この戦争は五〇〇年続いてきたオスマン帝国が内側から破裂する原因となった。スルタン制は廃止され、中東およびヨーロッパの諸州は失われ、アナトリアの核心部は長い闘争の果てにトルコという国に再構成された。

同じような運命を唯一免れたユーラシアの陸の帝国が、これらの巨大国家のうちでおそらく最弱だった中国であったことは注目に値する。前の世紀を通じて、血生臭い農民反乱が立て続けに起き、外国列強が租界と不平等条約を容赦なく要求してきたことによって、中国の強さと自律性は著しく侵食されていた。こうした困難にもかかわらず、中国は第一次世界大戦期をほとんど無傷で切り抜けた。一九一一年、清朝が崩壊し、非力な共和政の体制に引き継がれた。中国は一九一七年にドイツに宣戦布告したが、いかなる敵対行為への関与も避けた。結果として、中国の領域的境界はほぼどこも欠けることなく保たれた。もっとも注目すべきは、チベット、新疆、モンゴルといった、土着の住民の多くが中国人を帝国支配者だとみなす土地の支配を維持したことである。

軍事上の敗北が諸帝国を政治的に細分化させる主要因であったが、第一次世界大戦の分裂促進効果は、勝利をもってすら防ぐことはできなかった。そのもっとも重要な例がアイルランド独立戦争であり、一九二二年のアイルランド自由国の創建に帰結した。これはイギリスの威信と力に深刻な一撃を与え、イギリスがまもなく帝国各地で直面することになるナショナリストの諸反乱の前触れとなった。しかし、多くの点でアイルランドは特別な事例だった。この領域は、物理的には帝国の本国からわずかに狭い海峡でのみ隔てられており、イングランドとスコットランドからの大量のプロテスタント入植者が定住していたが、それでもなおカトリックのアイルランド人が人口の圧倒的多数を占めた。そして、イギリスの政治システムに名目的に組み込まれていたものの、大多数の人びとは決してそのことに甘んじることがなかった。おそらくもっともよく似た例は、同様の問題が数十年後に起きることになるフランス領アルジェリアであろう。戦闘的なナショナリストたちは一九一六年のイースター蜂起で、戦争に気を取られた帝国政府をアイルランドから放逐しようとし、即座に鎮圧されて失敗したものの、戦後に続く闘争のための基礎を築いた。この闘争によって、プロテスタント住民が多い北アイルランドの六つの県《カウンティ》を欠いたものとはいえ、アイルランド人の独立国家が生み出されたのである。

第一次世界大戦後のアイルランドで起きたことが脱植民地化とみなされることはあまりないが、実際のところ、結果は脱植民地化にほかならなかった。ほとんど同じことが、戦後の中部および東部ヨーロッパの全域で巻き起こった政治的変化についてもいえるだろう。諸帝国の残骸からチェコスロヴァキア、エストニア、フィンランド、ハンガリー、ラトヴィア、リトアニア、ポーランド、ユーゴスラヴィアといった新しい国々が立ち上がったのである。そのどれもが、長きにわたる独立闘争の所産ではなかったというのは真実だ。たしかに、チェコ人、ハンガリー人、その他の諸人民のほとんどは、戦時中、自分たちを支配する帝国の体制に対して、黙認する態度を保ち、忠誠を誓ってすらいた。しかし、諸帝国の体制崩壊は諸人民に、独立した国民国家の形成によって手にしうる新しい政治的未来を思い描く機会を与え、ほとんどの人民が迅速に行動を起こした。こうした人びとの努力を助けたのが、戦勝国によって押しつけられた講和であり、それが上からの脱植民地化を実質的に開始することになった。講和は、敗戦した大陸諸国の分裂をネーションの自決という原則を掲げて正当化し、そうすることで理想主義と現実政治《レアルポリティーク》（モラルとは無関係の私利に動かされる外交政策）とを結びつけた。のちの国際連盟の設立にともない、この原則は国際関係の新規範として確固たるものとなった。

しかしながら、この規範は文明的基準によって資格づけられていた。列強は、ヨーロッパ以外の諸人民のほとんどはこの基準を満たせないと考えた。したがって、脱植民地化はヨーロッパ大陸部に限られた。その他の地域では、戦勝国が戦利品として帝国を分けあった。ドイツがアフリカ、アジア、太平洋に有していた海外植民地は、イギリス、フランス、ベルギー、日本、オーストラリア、ニュージーランド、南アフリカに再分配された。イギリスとフランスはオスマン帝国のアラブ諸州を分割し、前者がイラク、パレスティナ、ヨルダンを、後者がシリアとレバノンを獲得した。戦前にオスマン帝国が名目的に主張していたエジプトへの宗主権は一掃され、エジプトは公式にイギリスの保護国となった。ギリシアは、ギリシア人が多く居住するアナトリアの西部を併合して「大ギリシア」を創出しようとした。ムスタファ・ケマル（別名アタテュルク）のもとで活力を取り戻したトルコ軍が、ようやくこの未回収地回復運動的な土地の強奪を防ぎ、トルコ・ネーションの利益に適うような国際条約を連合国に認めさせることができた。

歴史家のエレズ・マネラが「ウィルソニアン・モメント」と名づけたもの——すなわち、広範に流通したウッドロウ・ウィルソンによるネーションの自決を促す声明が、その目的を追求するエジプト人、インド人、ベトナム人、その他の植民地の諸人民の大衆動員を触発した第一次世界大戦直後の短い時期——は、すぐに幻滅と怒りに取って代わられた。西洋を残りの地域よりも優遇する人種的・地政学的な階層秩序を、列強が維持するつもりだということが明らかになったためである。これは、日本がパリでの講和協定に含めようとした人種平等条項をウィルソンが拒否したことに如実にあらわれていた。イラク、シリア、エジプトでは、まもなくイギリスとフランスの当局に対する反乱が発生した。モーハンダース・ガーンディー指導下のインド人は、イギリス支配《ブリティッシュ・ラジ》体制に対する初めての大衆による市民的不服従運動を開始した。サブサハラ・アフリカでは、反植民地ナショナリズムの最初のうごめきが感じられ、大戦での従軍経験をもつ退役軍人たちがしばしばそうした動きを先導した。一〇〇万人の朝鮮人が日本人支配者に反対して路上で行進した。しかし、帝国支配に対する闘争は、例外なく「ネーションの」解放として思い描かれていたわけではなかった。パン・アフリカ、パン・アラブ、パン・アジアの理念や機構もまた、第一次世界大戦後の数年間に勢いづいたのであり、ポスト植民地の世界のあり方をそれぞれ多分に異なる仕方で構想するいくつもの世界像を提示した。

植民地支配に対するこれらの挑戦はほとんど、戦間期に列強によって抑圧されるか封じ込まれた。列強は、インドやエジプトのような場所では、土着のエリートに政治的な譲歩をおこない、また別の場所では、白人の責務というレトリックを信託や開発といった言語へと磨き直していった。委任統治のシステムが創出され、国際連盟（一九二〇年）の国際的な監視下で社会と政治の前進をもたらすという恩恵的な装いのもと、戦後における植民地の強奪が覆い隠された。こうして、帝国どうしが互いの存在を揺るがしあう衝突がふたたび起きないかぎり、第三世界として知られるようになる諸地域の脱植民地化は生じえないという状況が、列強によって確保されたのである。

その間、旧世界における戦後の脱植民地化は、パリでの提案者たちが予期していた事態をはるかに超えて難航した。新国家のあいだに境界線を引かなければならず、そのことがロシア人とポーランド人、ポーランド人とチェコ人、チェコ人とハンガリー人、ハンガリー人とオーストリア人、オーストリア人とユーゴスラヴィア人、ユーゴスラヴィア人とイタリア人などなどのあいだで、係争地をめぐる衝突を惹起した。ネーション自決の原則には、国民国家は均質な人口によって構成されるという前提が埋め込まれていたものの、これは中部および東部ヨーロッパで新たに創建された諸国家のほとんどにおいては達成不可能も同然であった。チェコスロヴァキアの人口のかろうじて半数が実際にチェコ人だった。ポーランドの人口の三分の一が、ウクライナ人、ベラルーシ人、リトアニア人などの非ポーランド人から成った。五〇〇万人のドイツ人が、新たに引かれた国境のポーランド側とチェコスロヴァキア側に暮らしていた。三〇〇万人のハンガリー人が、ハンガリーの国境の外側に住んでいた。クロアティア人、ムスリム、マケドニア人、セルビア人、スロヴェニア人の寄せ集めがユーゴスラヴィアという急ごしらえの国を構成した。そして、数百万のユダヤ人が地域全体にわたって散らばり、そのほとんどはこれらの新しい国民国家の内部において周縁化された。

パリでの講和協定（一九一九年）で、これらの新設された国々すべてが国境の内側におけるマイノリティの権利保護を約束する条約に調印することを求められた。しかし、そうした要請を実行に移すのは不可能であった。マイノリティ、とくにユダヤ人に対する迫害は広まっていった。戦争直後の数年間でおそらく一〇〇〇万人もの難民が故郷から逃げ出した。人口移転という問題は、しばしばそれにともなった民族浄化とともに、旧オスマン帝国支配下の諸領域でとくに目立った。ここでは戦時中にオスマン政府がアルメニア人を追放あるいは殲滅しようとしたことで、八〇万人が死亡し、生存者は世界中に散らばってディアスポラを形成することになった。戦後のトルコとギリシアの衝突は、スミュルナ（イズミル）だけで一〇万人にも及ぶ民間人の凄惨な虐殺を引き起こし、アナトリアからは約一〇〇万人のギリシア人が、マケドニアからは四〇万人のムスリムが追放された。

アイルランドでは、イギリスが分割を推し進めることでカトリック信徒とプロテスタントとの内戦を避けようとした。一九二一年のイギリス＝アイルランド条約は、北アイルランドの六つの県が多数のプロテスタント住民とともに連合王国内部に留まることを定めた。アイルランド側の交渉人たちがこの妥協に賛成したために、その後、ナショナリストのあいだで条約賛成

図版2　1922年9月9日，スミュルナ（現イズミル）に入城するトルコ軍。およそ30万人のギリシア人とアルメニア人の難民が，迫りくるトルコ人から逃げようとスミュルナの波止場に殺到した。続く4日間にスミュルナの大部分は焼け落ち，数万人の難民が死亡した。この悪名高い出来事は，第一次世界大戦後のネーション建設にしばしばともなった民族間の暴力を浮き彫りにした。

派と反対派との内戦が一年間にわたって続いた。条約自体も、新しい国境の両側で宗派間の衝突が起きるのを防ぐことができなかった。南部では、プロテスタントの地主が地所から追い出され、その邸宅は焼きつくされた。北部では、プロテスタントたちがカトリック・コミュニティに対し、大虐殺《ポグロム》と呼ばれてきたものを開始した。その効果がどこよりも凄惨だったのは都市ベルファストであり、同市では六五〇〇の家屋と事業が破壊され、八〇〇〇人が家から逃げ出し、およそ五〇〇〇人――その三分の二がカトリック信徒であった――が殺された。

旧世界の新しい国民国家の内部における民族的・宗教的な争いも、それらの国家間の国境紛争も、すぐに下火になったが消え去ったわけではなかった。敵愾心や憤懣は戦間期にわだかまり、ヨーロッパ大陸全域で過激主義的な運動を焚きつけた。一九三三年に政権についたナチスの体制はそうした不満を利用して、ネーションを蝕むよそ者としてのユダヤ人に対する憎悪や、ヴェルサイユの講和協定の条件下でドイツが領土を縮減されたことの苦々しさ、そして、チェコスロヴァキアやポーランド領内のドイツ系マイノリティの扱いに対する憤りを煽っていった。中部および東部ヨーロッパの全域で反セム主義の諸政府がユダヤ人を迫害した。他方でソヴィエト連邦は、ベラルーシ、ウクライナなどの近接した諸領域において、大規模な人口移転をおこなうとともに、飢餓をともなう容赦のない土地収用運動を展開した。ヨーロッパの諸国民国家が民族的により均質になり、領域的により安定するには、再度の壊滅的な戦争が必要だった。その戦争は、かつてない組織的運動による民族浄化と人口移転の数々を生み出し、六〇〇〇万人のユダヤ人の根絶や東部ヨーロッパからの一二〇〇から一四〇〇万人のドイツ人の追放などがおこなわれることになる。

第三世界の脱植民地化へのプレリュード

第三世界の脱植民地化に先立つ脱植民地化のふたつの波は、繰り返しあらわれるいくつかのテーマを明らかにする。ひとつは、帝国間のグローバルな戦争が脱植民地化の触媒として重要だということである。これらの戦争は、あとに続く脱植民地化の波を引き起こすきっかけとなっただけでなく、暴力を移行過程に不可欠の要素にもした。そうした移行によって何を実現しようとしているのかについて、複数の対立する考えがあったことも紛争の原因となった。国民国家が有力な選択肢ではあったが、決してそれ一択というわけではなく、国民国家を誰がどのように構成するのかはどこにおいても自明とはほど遠かった。領域の範囲や民族構成など、新しい国家を定義づける特徴を決定するための闘争は、しばしば内戦や民族浄化や難民の発生に帰結した。しかしながら、結局のところ、これらの脱植民地化の波は諸帝国を滅ぼすにはいたらなかった。諸帝国は決然として如才なくことにあたり、しばしば自らを新しい形式に再構成しおおせた。これらのテーマから引き出せるより大きな意味は、脱植民地化とは長期にわたる複雑な歴史なのであり、通常ほどこされる分析よりもいっそうニュアンスに富み――例外主義〔ここでは脱植民地化過程での暴力の発生を例外とみなす見方〕でないのは言うに及ばず――祝賀的でもない分析が必要になるということである。

ただし、脱植民地化は単に一定の周期的なパターンのもとで繰り返し発生するのではなかった。それは特定の場所で特定の時点に始まり、後続の波は先行する波のうえに形成された。今日、少数の植民地が残っているかもしれないが、それらは人民主権の原則と国民国家という規範を是認する国際秩序の外れ値として存在する。これは、脱植民地化の第一波が諸帝国の防波堤を突き崩したときに広がっていた世界とはまったく異なる世界である。従属下の諸人民のいかに多くが帝国の独裁者たちの支配に憤っていたとしても、そうした人びとはほとんど従属状態から抜け出すことはできず、たとえできたとしても、ほかの人民を従属させるか、ほかの帝国のもとで再度従属させられるかを選ばなくてはならない場合が多かった。一八世紀後半から一九世紀前半にかけて新世界に巻き起こった脱植民地化の波は、別の可能性を提示した。すなわち、国民国家の設立であり、それによって当該国家の人口に自決権が与えられたかのようにみえた。自決権の行使がどれほど問題含みであったにせよ、その魅惑的で、かつ、体制転覆を促すような思想は世界中の諸人民の政治的想像力をがっしりと鷲づかみにしたのである。

第一次世界大戦によって交戦国、とくにユーラシアの陸の諸帝国が疲弊したことで、その臣民の多くはネーションとしての独立を主張するためのかつて想像もしえなかった機会を手にした。帝国内の位置と地位に比較的満足していた臣民たちでさえ、戦後の権力の真空状態に駆り立てられて自らの国民国家を築いた。国際連盟の設立にともない、国民国家とそれが体現する新たな主権概念はますます国際秩序にとって不可欠になった。戦争のあとに機会を活かして新たな植民地を獲得した戦勝国列強すら、自らを帝国であると同時に国民国家でもあるとした。しかしながら、これらの国々はこの主張を裏づけるために、人民主権が適用される中核としての本国と、適用外となる周縁としての植民地とをますます厳密に区別しなくてはならなくなった。後者の植民地は国家《ステート》の一部とはみなされるが、国民《ネーション》の一部とはみなされなかったのである。

しかも、植民地に土着の人口は、支配者にとって都合の良い「文明」の見地からの判断で、自決権を主張する資格がないとされた。ヨーロッパの諸植民地帝国が以上の立場を守ることは、しだいに、とくに第二次世界大戦後には難しくなっていった。諸帝国がこの変動を生き延びる可能性はあったが、植民地主義が生き延びられないことは徐々に明らかになった。

第2章　グローバルな戦争が植民地にもたらしたこと

第一次世界大戦は世界を再分割しようとする諸帝国によって引き起こされたというレーニンの非難がある程度妥当なら、そうした評価は第二次世界大戦についてよりいっそう理にかなっている。ドイツと日本の帝国になろうとする野望が争いを助長した。これらの拡張主義の国々は、相異なる二種類の政体に分けられた世界に直面した。すなわち、自らの主権の不可侵性を主張する国民国家《ネーション＝ステート》と、自らの権威をほかのほとんどすべての者に対して押しつける植民地帝国である。ドイツと日本の帝国建設は、前者の主権を転覆し、後者の権威に取って代わることで初めて可能となった。

第二次世界大戦は第一次世界大戦にもまして、国際秩序を一変させるインパクトを有した。

それはかつてない規模での無秩序と破壊を生み出し、ほとんど世界中で国家と社会を不安定にした。ドイツと日本は、広大な新帝国を築き、それを存続させるという企てに失敗した。他方で、ヨーロッパの既存の植民地帝国（とくにイギリス、フランス、オランダ）もまた、自らの帝国としての権威が致命的に弱まっていることに気づいた。この戦争は同時に、統治の一形式としての植民地支配の基盤を掘り崩し、植民地支配はアジア・アフリカの全域でますます独立運動からの挑戦を受けるようになった。また、この戦争によって、アメリカ合衆国とソヴィエト連邦とのあいだのグローバルな対抗関係に顕著にみられるような、〔従来の植民地支配に代わる〕帝国権力の代替様式の基礎が築かれた。第二次世界大戦後、ヨーロッパの諸帝国は自らの植民地を保持しようと激しく戦い、冷戦の開始によっていくらかの恩恵を受けることになった。しかしながら、結局、これらの帝国は脱植民地化が地域を超えてつぎつぎに広がっていくのを防ぐことができず、まもなく第三世界と呼ばれるようになるところに数多の新しい国民国家が誕生した。

帝国間の戦争

ヒトラーの帝国になろうとする野心については歴史家のあいだで議論が分かれているが、そうした野心の第一かつ最重要の焦点がドイツの東方におけるレーベンスラウム（生存圏）——

ティモシー・スナイダーは適切にも「流血地帯《ブラッドランズ》」と表現した――の獲得にあったことは、衆目の一致するところである。ヒトラーは、中部および東部ヨーロッパで領土を併合し、その地に土着の諸人民を根絶あるいは奴隷化し、そこへドイツ人民を植民させることによって、旧世界における脱植民地化を実質的に逆転させようとした。（はじめのうち、ヒトラーはスターリンの援助と教唆を受けた。スターリンはロシアがブレスト＝リトフスクで失った東部ヨーロッパ領の回復を望んでいた。）第一次世界大戦後に形成された新しい国民国家は、その脆さゆえに、ナチス・ドイツによる征服の格好の標的となった。それは、一八世紀後半から一九世紀前半に新世界の国民国家がヨーロッパの諸帝国に狙われたのとほとんど同じであった。

ヨーロッパ全土にまたがる帝国を建設しようとするヒトラーの企ては、それに先立つナポレオンの野心と相通じるものがあった。しかし、ナポレオンとは異なり、ヒトラーはヨーロッパ自体のうちに人種間の階層秩序をうち立て、奴隷労働を導入しようとした。この点について、次のように主張することには多分の真実が含まれる。つまり、ヨーロッパ人が海外で従属下に置いた諸人民に対し長年にわたって取り続けてきた容赦のない根本方針や政策、それとまったく同じものをヒトラーはヨーロッパというアリーナに適用した、と。第三帝国はその比較的短い統治期間に、六〇〇万人のユダヤ人や多数のスラヴ人など、劣等人種と分類した人びとを体系的に根絶しおおせた。

ナチスはドイツ人の流血地帯への入植を奨励した。そこでは以前からの居住者の多くが民族浄化によって一掃された。しかし、植民地化を進めようとするナチス国家の野心は、ソヴィエト軍が西進したことで無に帰した。敵の進行を前に数百万人の民間のドイツ人がチェコスロヴァキア、ハンガリー、ポーランドや近隣国から逃げ出し、戦争直後にはさらに数百万人が追放された。戦後の政治秩序はほかの民族集団もまた追い立てた。一五〇万人の民族的にポーランド人である人びとが、当時ソヴィエト連邦領とみなされたところからポーランドへと追放された一方、五〇万人の民族的にウクライナ人である人びとが、ポーランドからソヴィエト連邦領ウクライナへと強制的に移住させられた。人口移転の影響は、スロヴァキア人、マジャール人、セルビア人、クロアティア人などにも及んだ。皮肉なことに、ヒトラーがこの地域に残した遺産のうちもっとも永続的だったのは、彼が破壊しようとした当の国民国家の復興であったかもしれない。それらの国民国家は、第二次世界大戦が引き起こした大量殺戮と強制移住の結果として、より民族的に均質な集合体へと再構成されたのである。

同時期の帝国日本によるアジアの地図を引き直そうとする企ても同様に、人種の違いにもとづく従属化、強制労働、人口移転を中心に編成された。日本は大東亜共栄圏というパン・アジア主義の装いをまとっていたが、ヨーロッパ植民地主義による抑圧を逃れるための民族間同盟の平等なパートナーになるという近隣諸地域の人びとの期待は早々に幻滅に代わった。それどころか、日本の当局はそうした人びとを従属すべき劣等人種として扱い、搾取した。ドイツと同じように日本も、自らの余剰人口のための生存圏を手に入れようとした。すでに朝鮮、台湾、満洲（満洲国を建国）に数百万人の日本人が定住しており、一九四一年以降に日本が獲得した領土にも大勢が移住しただろう。一九四五年の敗戦でこうした日本人入植者の立つ瀬がなくなった。とくに満洲ではそうであり、ソヴィエト連邦の進攻によって一〇〇万人以上の定住者が一気に逃げ出した。東部ヨーロッパで同様の立場にあったドイツ人の苦難とも重なる。一九四六年末までに、いまや帝国をすっかり剝奪された島国の故郷へ向けて、およそ五〇〇万人の日本人が引き揚げた。

枢軸同盟の第三の主要国であるイタリアは、戦時中にも帝国の版図を拡げようとした。東部地中海地域へと押し入り、イギリスを犠牲にして北アフリカおよび東アフリカで帝国を拡大しようと構想したのである。しかし、イタリアも枢軸国の仲間と同じ運命をたどり、ファシスト体制の崩壊にともなって植民地を失った。戦時中および戦後に、約三五万人のイタリア人入植者がリビア、エリトリア、エチオピア、ソマリランド、そしてバルカンの諸領域から母国に帰還した。

植民地世界の各地で従属下にあった人びとに第二次世界大戦がもたらした大惨事については、近年ようやく学者たちが真剣な注意を向けるようになった。貿易ネットワークが破壊され、経済が混乱し、死を招く疫病や飢饉が引き起こされ、強制労働が広範に用いられるようになり、大勢の人が故郷を追われた。最大の死者を出した惨事には、貿易と運輸が混乱し、交戦国が意図的に資源を転用した結果としてアジア中に広がった飢饉があった。ベトナムでは、食糧としての米を日本が自らの必要を満たすために流用したことで飢饉が起き、一九四四～四五年に二〇〇万人もの人が死亡した。インドネシアの各地でも同様の政策が似たような結果を生み、推計二四〇万人のジャワ人やその他のインドネシア人が餓死した。戦争に引き裂かれた中国、とくに一九四三～四四年の河南省で、さらに数百万人が飢饉の犠牲となった。おそらくもっとも壊滅的な飢饉は、インドのベンガル州を襲ったそれだっただろう。日本によるビルマとタイの占領が同州に必要な米の輸入を途絶させ、イギリス軍が日本の進攻を遅らせるためにとった焦土作戦や、一九四二年の後半に同地域を吹き荒れた破壊的なサイクロンが、食糧不足をさらに悪化させた。この災害の規模が明らかになった一九四三年になっても、インドのほかの地域から小麦や米が輸出され続けた。イギリスの首相であったウィンストン・チャーチルは、飢饉の犠牲者へのいかなる政府支援にも断固として反対した。最終的に、三〇〇万から四〇〇万ものベンガル人が死亡したと考えられている。

強制労働の使用は戦時中にアジア全域へと広まった。交戦国が、道路や鉄道の敷設、橋梁や港湾の建設、船や飛行機の貨物の積み下ろしなどに、植民地臣民を動員したからである。たとえばイギリスは、約二〇万人のナガの部族民を荷担ぎ人夫として働かせ、東南アジア高地の密林で軍用品を運ばせた。日本は強制労働の使用に関してとくに容赦がなかった。もっとも悪名高い事例のひとつは、バンコクからラングーンに向けて建設されたいわゆる死の鉄道〔泰緬鉄道〕であり、建設に従事させられた一八万人の民間人のうちの半数、そして六万人の戦争捕虜のうちの五分の一が命を落とした。日本はまた、二五万人近くのジャワ人農民をインドネシア諸島の各地に船で輸送して戦争関連のプロジェクトで働かせたが、そうした農民のほとんどは生きて故郷に戻ることはなかった。

戦時の大混乱と貧窮は、植民地世界のその他の各地でも人びとを苦しめた。北アフリカ人の多くは、その地域を席捲したいくつもの軍隊によって土地を追われ、局地的な飢饉へといたる食糧不足を経験した。サブサハラ・アフリカ人は、軍事作戦による影響はほとんどなかったものの、貿易の途絶と資源の逼迫を持ちこたえねばならず、いくつかのコミュニティにおいてはそれらが危機的状況を生み出した。ルアンダ＝ウルンディ〔現在のルワンダとブルンジに相当するベルギーの委任統治領〕の飢饉では推定で三〇万人の犠牲者が出た（おそらく人口一人あたりの死亡者数はベンガル飢饉より多かっただろう）。アフリカ各地の植民地支配体制は、帝国の戦争遂行を助けるために、原材料の生産と現地での労働搾取を徐々に強めていった。一般的に、外国企業と白人の入植者たちが鉱物や繊維などの原材料に対する需要増から利益を得たのに対し、アフリカ人が利を得ることはほとんどなかった。およそ一〇万人のナイジェリア人が、植民地の錫鉱山で強制的に働かせられた。ほぼ同数のタンザニア人が駆り集められ、サイザル麻とゴムのプランテーションに供せられた。より一般的には、戦時下の植民地経済の統制が賃金を減らし、物価を上昇させ、その他の重荷をも従属下の諸人民に課したのである。

異なる仕方で破壊的だったのは、植民地臣民の軍務への動員であった。一九四二年に北アフ

図版 3　進軍中に休憩する西アフリカのイギリス領ゴールドコースト出身のアシャンティ人部隊，1942 年。彼らは，第二次世界大戦中に兵士や労働者として従軍させるために帝国列強が動員した数百万人の植民地臣民のうちのごくわずかにすぎない。多くの者がその経験によって政治化し，戦後の反植民地運動で活躍した。

リカで自由フランス軍がヴィシー政権に取って代わると、同軍は約二五万人の北アフリカ人を募集し、その後のイタリアとフランスへの進攻に参加させた。帰還したとき、彼らの多くはまるで人が変わってしまっており、経済的機会と政治的権利を求めてじりじりしていた。イギリス臣民であったアフリカ人も、五〇万人近くがビルマやエジプトなどの戦場で戦闘員や補助員として従軍し、戦争遂行に貢献した。新しい地平、新しい思想が彼らの多くをつくり変えた。そのなかには、〔アメリカの〕バラク・オバマ大統領の父方の祖父であるフセイン・オニャンゴ・オバマもいた。ケニアのルオ人であり、軍付きの料理人としてビルマへ従軍した彼は、のちに自らの政治活動のために植民地当局と衝突することになる。インド軍〔イギリスの植民地軍〕は一九三九年から一九四五年にかけて二〇万人から二五〇万人へと拡大した。こうした軍事要員のかつてない増強は、独立を求める圧力に対してイギリスを以前よりも敏感にする。なぜなら、戦争の終わりにかけて、そうした数々の部隊はより扱いづらく、信頼のおけない存在になっていたからである。

　植民地世界のいたるところで、戦争の累積効果が、以前にもまして反抗的で怒りを湛えた人口を創出した。そうした人びとは、自らの従属状態を克服しようとする意志と能力を、かつてないほどに強く備えていた。このことは、イギリス支配に対する闘争が戦間期にすでに大きな進展をみせていたインドでとくに明白だった。戦争がイギリスとインド人の反対者たちとのあいだの対立を土壇場に追い込んだのである。一九三九年九月にインド総督がインド人指導者に諮ることなくインドの参戦を宣言すると、モーハンダース・ガーンディーとインド国民会議派の同志たちはイギリス当局への協力を一切停止することで抗議した。一九四二年には、イギリスの戦時内閣に入閣していたスタッフォード・クリップスが、なんとか折り合いをつけるためにインドに派遣され、戦争が終わったらすぐにインドは自治を得られると約束した。しかし、独立に要する期間と独立の意味をめぐって交渉は決裂し、まもなく会議派の指導者たちは「インドを立ち去れ《クウィット・インディア》」キャンペーンを開始した。

その後の反乱は、イギリス帝国の権威に対する、一八五七年のインド大反乱以来のもっとも深刻な挑戦となった。蜂起のなか、電信と鉄道は国中で切断され、二〇〇か所以上の警察署が焼き打ちされた。インドの君主としてイギリスに残された日々がごくわずかしかないことは、誰の目にも明らかになった。鍵となる問題はイギリスが去った後でどのような政治秩序が生まれるかということだった。チャーチルはインドがバルカン化することを望み、「パキスタン、ヒンドゥスタン、プリンススタン」〔ここでは、ムスリム居住地域、ヒンドゥー教徒居住地域、諸藩王国で構成される地域の分離独立が想定されている〕のどれもが弱小で互いに猜疑心を抱きあう状況が生まれれば、この地域に帝国のコントロールを及ぼし続けられると考えた。一九四五年七月に発足した労働党政府もやはり亜大陸での影響力維持を意図したが、ムスリムやその他のマイノリティの利益を守り、コモンウェルスの構成国となるような、ある種の連邦政体を構想した。そうすることで、インドの膨大な人的資源を必要に応じて帝国の別の場所での軍事活動に利用できる予備として保持しようとしたのである。インド国民会議派は、イギリス領インドを構成した領域のすべてを包摂する、強大で、宗派の違いにとらわれず、決然と非同盟路線をとる国家を欲した。ムスリム連盟は、ムスリムのための別個の国家を求める主張をますます頑なに唱えるようになっていった。ハイデラバードやマイソールなどの規模の大きな藩王国は自らの主権を宣言し、イギリス支配の後を継ぐいかなる政体への組み込みにも反対した。独立の実現が間近に迫るにつれて、これらの相違はいっそう深刻な問題となるばかりであった。

インドの東方に広がる厖大な領域にとっては、日本軍の侵攻と占領が帝国の不安定化に拍車をかける主要因となった。一九〇四〜五年の日露戦争で誰もが予想していなかった勝利を収めて以来、日本はアジア各地の反植民地活動を鼓舞する存在であり、その多くに模範と避難所を提供してきた。戦間期に日本が好戦的な態度を強めたことに対し、植民地主義に批判的な一部のアジア人は幻滅したが、依然として、日本の軍事的な強さと「アジア人のためのアジア」というスローガンは、植民地支配下の従属状態から逃れるための最良の方途を提供してくれると信じる者もいた。一九四一〜四二年に驚くべき速度で東南アジアを席捲した日本軍は、西洋植民地主義から同地域を解放する者として自らを演出し、現地の多くの人びとからそのような存在として歓迎された。ビルマからインドネシア、フィリピンにかけて、ナショナリストの指導者たちは日本に協力し、日本は時間をかけてある程度の自治を与えることで報いた。インドネシアのナショナリストであるスカルノとその仲間たちは、占領軍当局との互恵的な協力関係を築いた。何人かの傑出したフィリピン人も同じことをした。ビルマのナショナリストであるアウンサンも日本と緊密に協働したが、一九四四年に戦争の潮目が変わりつつあることに気づき、機を捉えて寝返った。インドのナショナリスト指導者のスバス・チャンドラ・ボースですら、自国を解放するために日本を頼った。彼は東京に渡り、〔東南アジア域内で〕一〇万人を超える数のインド人戦争捕虜を集め、イギリスをインドから追い出すために日本に助力するインド国民軍を結成した。独立後のマラヤの初期指導者のひとりとなるダト・オン・ジャアファルは、彼と同時代を生きた多くの東南アジア人たちを代弁してこう記した。「日本のもとで私は、アジア人もヨーロッパ人と同じように優れていると学んだ。……［日本は］残忍だった。それは本当だ。しかし、アジアがどのようなところとなりうるかという新しい発想によって私たちを鼓舞してくれたのだ」。

反植民地のナショナリストのなかには日本に協力した者もいれば、日本に抵抗した者もいた。フランス領インドシナでは、ヴィシー政権下の当局が日本を同盟国として受け入れ、戦争末期にいたるまで同地を統治し続けたが、ベトミンがこれらの新たな占領者を駆逐するために戦った。ベトナムのナショナリストであるホー・チ・ミンにしてみれば、日本はヴィシー・フランスの支配を強化することで自らの帝国主義者としての本性をあらわにしていたのである。日本が中国に仕掛けた残忍な戦争のために、マラヤの大きな華人人口もまた日本人侵略者に立ち向かった。日本に対する闘争の急先鋒を担ったマラヤ人民抗日軍は、おもに華人コミュニティから参集した。イギリスはその指導者チン・ペン〔陳平〕に褒美としてイギリス帝国勲章を授けたが、それは、彼がのちにマラヤからイギリスを追い出すために戦ったことを考えると皮肉に満ちたものであった。ビルマでは、カレン人やその他の高地部族の諸人民が断固として日本に反対し、その兵站線を繰り返し攻撃した。これらの事例においては、日本を駆逐しようとする運動が各地の戦後体制――マラヤとベトナムの事例では再構成された植民地体制を意味した――への抵抗にまで影響を残すことになる。

第二次世界大戦による大混乱は植民地世界の全体を覆ったが、それがもっとも痛切に感じられたのはアジアにおいてだった。アジアの反植民地活動家たちは巨大な帝国どうしの争いのなかでどちらの側につくのかを選択せざるをえず、その選択は個人の身上にとっても政治的にも多大なリスクをともなった。同時に、そうした活動家たちは危機にかつてない好機を見いだし、状況を自らに都合よく利用することで、独立という目的に向かって進もうとした。しかし、ほとんどの場合において、戦うことなしにはその目的を達成できないことがすぐに明らかになった。

戦後における諸植民地帝国の野望

第二次世界大戦が終幕を迎えたとき、すなわちヨーロッパでは一九四五年五月、アジアでは一九四五年八月に、強大な諸植民地帝国は荒廃していた。枢軸国の場合、破壊は徹底的だった。日本とイタリアは戦前に領有していた植民地と戦争での獲得地のすべてを失い、ドイツはオーストリア併合以降に得た領地を剝ぎ取られたうえに、本国も分割されて東部はソヴィエトの支配のもとに従属させられた。フランス、オランダ、ベルギーは戦時中、帝国による征服の犠牲者という、自らが支配してきた非西洋植民地とほとんど同じ立場にあった。これらの国が自ら従属状態を経験したことで、従属下に置いてきた諸人民の苦境に対する共感や洞察が深まることはなかったが、それらの諸帝国のイデオロギー的・政治的な基盤は損なわれた。アジアと太平洋における日本の驚異的成功は、それに相応する効果を、日本軍の手に落ちたイギリス、フランス、オランダ、アメリカの諸植民地にもたらした。つまり、逃げ出した植民地支配者たちは、戦前に植民地臣民のうえに行使していた権威を二度と取り戻すことができそうもなかった。イギリスの手中に残ったインドですら、戦争が決定的に重要な転機となった。サブサハラ・アフリカやカリブ海、そして、戦争の直接的な影響を免れるなどしたごく少数の地域においてだけは、植民地支配が依然として安泰であるようにみえた。とはいえ、そうした諸地域でさえも、植民地の権威を揺るがすような微かな力が働いていたのである。

しかしながら、それらの主要な植民地帝国は自らの崩壊を既成事実として受け入れることを拒否した。反対に、自らの帝国としての使命を刷新し、ある面では鋳直しながら、領有していた植民地を取り戻そうとしたのである。第二次世界大戦のさなかにロンドンのオランダ亡命政

図版 4　第二次世界大戦中の自由フランス軍の指導者であるシャルル・ド・ゴール将軍が，1944 年，フランス領赤道アフリカでのブラザヴィル会議で開会演説をするところ。彼はフランスとその植民地との関係を変革すると約束したが，会議を締めくくる宣言では，植民地の諸領域の政治的独立を断固として拒絶した。

府は、戦後にある種の国家連合体を創設する計画を発表した。オランダ亡命政府は日本人の抑圧者からインドネシア人たちを解放するという役割を自任していたにもかかわらず、構想された国家連合体はオランダの帝国を維持し、本国再建に必要な経済資源を供給してくれるようなものだった。フランスの対独協力政府であったヴィシー政権は自国植民地の経済発展——往々にして経済搾取の婉曲表現であった——に相当の関心を払い、こうした諸政策の多くは自由フランス軍が政権を取っても存続した。シャルル・ド・ゴール将軍は、フランスが大国へと復帰するためには、戦後にフランス帝国を刷新することが必須だとみていた。一九四四年、フランス領赤道アフリカのブラザヴィルでの会議において、彼は植民地の諸人民が自分たちのことについてより大きな発言権をもてるようにすると約束した。しかし、それはフランスとのより緊密な政治的統合という手段によってのみ達成されるとしたのである。その会議の提言の序文はこう宣告する。「フランスがその植民地において到達すべき、文明化という任務の目標は、いかなる自律の考えをも、すなわちフランス帝国というブロックの外側でのいかなる進化の可能性をも排除する。植民地での最終的な自治の開始は、たとえ遠い将来であっても、棚上げされることになる」と。

あの臆面もない帝国主義者であるウィンストン・チャーチルが、一九四二年に議会で「イギリス帝国の清算を取り仕切るために」首相になったのではないと宣言したとき、彼は同時代人に広く共有された見解を口にしていたのである。イギリスは、戦時中に失った複数の植民地を取り戻すのを望んだのみならず、実のところ、自らの帝国を拡張しようと構想した。亡命したビルマの植民地当局は、避難先であるインドの夏の首都シムラで、ビルマの再占領に向けた計画に加えてタイ占領の計画も練った。イギリスのアジアにおける帝国的野心はあまりにもあからさまだったので、アメリカ人の当局者たちは皮肉を込めて、東南アジア司令部（South East Asia Command）の頭文字をつなげた略語であるＳＥＡＣは、本当は「イングランドのアジア植民地を救え」（Save England's Asian Colonies）を意味しているのだと言った。中東と地中海周辺も帝国拡張の機会を提供した。同地域での枢軸国の脅威に対し、イギリスはエジプト、イラク、イランに傀儡政権を押しつけることで対応した。イランはふたつの勢力圏に分断され、北部がソヴィエトの管理下に置かれた一方、石油の豊富な南部はイギリスの縄張りになった。そして、両国はその影響圏を維持することに固執していた。一部の帝国当局者は、ギリシア人は自らを統治する能力がないと考え、ギリシアを植民地にすることを想定した。エジプトとスエズ運河のための戦略的緩衝帯としてキレナイカ（リビア東部）の獲得を望む者もいた。イタリアの諸植民地はまるごと、よみがえる帝国にとっての格好の餌食のようにみえた。

イギリスの拡張主義的野心が絵空事であることはやがて明らかとなった。既存の帝国を維持し、戦時中に失った諸領域を回復するという計画すら、大きな危険をはらんでいた。イギリスが予期していたほどには、かつての植民地臣民たちが戦前の原状を回復することを容認しなかったというだけではない。戦時の同盟国であるアメリカ合衆国とソヴィエト連邦もまた原状回復に乗り気でなかった。両国はそれぞれに、イギリス帝国の復活に反対する、イデオロギーと地政学の双方に関わる理由を有していた。さらにイギリスは、戦争末期には本国の人口に食糧と住居を供給することすらほとんどできていなかったので、ましてや海外の帝国は拡張するどころか、維持することすらできなかった。都市は荒廃し、貿易ネットワークは寸断され、経済は借金まみれだった。偉大な経済学者で政府顧問でもあったジョン・メイナード・ケインズはこう指摘した。「私たちは世界の半分を自費で取り締まることはできない。すでに私たちは自らを質に入れて世界のもう半分に預けられてしまっているのだから」。

しかし、同国の戦後の経済的苦境もまた、指導者たちが帝国の復活と再興に固執したことの一因と考えられる。戦時中に日本に奪われた諸領域は資源の宝庫だった。そうした資源には、ボルネオの石油、ビルマの木材、そしてなによりもマラヤの錫《スズ》とゴムがあった。中東の石油埋蔵地、とりわけイランとイラクの油田の重要性も高まった。戦時におけるサブサハラ・アフリカの農業資源および鉱物資源の開発ブームは、イギリス人当局者に同地域が新しいインド、すなわち帝国復興の経済エンジンになりえると思わせた。

そのあとに起きたことは、アフリカ、東南アジア、その他の従属的領域の「第二次植民地占領」と呼ばれてきたものである。植民地当局者は、大勢の技術専門家に助けられながら、鉱物資源の開発、農業生産力の向上、開発プロジェクトの推進に奔走した。イギリスの大衆が厳しい食糧配給制度のもとに置かれていた時期に、政府は一九四五年の植民地開発・福祉法を通じて経済資源を帝国に投じていた。同法は年間一二〇〇万ポンドを諸植民地の経済・社会開発に提供した。(その資金はイギリスの納税者からではなく、諸植民地がロンドンに集積していた戦時準備金から引き出された。)こうした開発プロジェクトのいくつかは悪名高い失敗に終わった。もっとも顕著な例はタンガニーカ落花生計画であり、戦後イギリスでの食用油の深刻な不足を埋め合わせるために、アフリカ人農民に落花生を栽培させようとする無駄な努力に数百万ポンドが費やされた。しかし、目覚ましい成功を収めたプロジェクトもあった。マラヤの錫産業とゴム産業に投じられた資金はイギリスの経済に多大な利益をもたらした。経済の回復と帝国の発展とを結びつける戦後戦略全体を下支えしたのは、スターリング圏だった。この閉じた通貨圏によって、植民地貿易はイギリスを通過するように方向づけられ、諸植民地のポンド残高は本国の管理下に置かれ、植民地の市場と資源への外国からのアクセスが制限された。

一九四六年にフランス政府は自国の植民地に対する同様の制度である経済・社会開発基金を設立し、オランダ、ベルギー、ポルトガルの諸政府も自国植民地の開発に投資する意向を表明した。こうしたプログラムや表明のひとつの目的は、植民地主義批判に対抗することだった。植民地での取り組みを、近代性への途上にある原始的な諸人民を援助しようとするものであり、国内の社会福祉制度に相応するものだと位置づけることで、国際的舞台で植民地主義への支持を広げていこうとしたのである。しかし、どの帝国列強も、植民地臣民のための保健や教育などの福祉プログラムには真面目に投資しなかった。その代わりに、商品生産計画、土地保全プログラム、インフラ建設プロジェクト、その他のさまざまな経済的な取り組みに資金を注ぎ込み、それらが本国の経済復興に資することが企図されたのである。諸帝国はまた、ネーションの威信と愛国主義とを、帝国としての使命の復活と同一視した。たとえばシャルル・ド・ゴールは、ドイツに敗北し占領されたことで砕かれたフランスの誇りを取り戻すことに固執し、そうするための彼の戦略はフランス帝国の復興にかかっていた。戦後、オランダ、ベルギー、ポルトガルの当局者は、国の規模が小さいがゆえに不安を募らせ、海外の属領を失えば戦後世界で取るに足りない存在へと追いやられてしまうと考えた。そうなるのを防ぐために、彼らは必死になって植民地にしがみつこうとしたのである。

窮地に立つ諸帝国

戦後の時代が諸植民地帝国に課した難題に対応するにあたって、イギリスや同類の諸国はたしかに抜かりがなかったが、独立を目指す植民地の諸人民からのかつてない圧力に直面した。南アジアと東南アジアの大部分では、こうした圧力は抑え込みようがなかった。戦争の直後に帝国支配の崩壊がどこよりも迅速かつ完全に起こったのは、イギリス帝国の「王冠の宝石《クラウンジュエル》」たるインドであった。衝撃的だった一九四六年のインド海軍の反乱、ヒンドゥー教徒とムスリムの集団間暴力《コミュナル》の急速な激化、そして、それに付随するイギリス支配体制の政治的権威の崩壊があいまって、インドを単一の、自治権をもつドミニオンとして帝国の圏内に留めるという労働党政府の計画を台無しにした。イギリスは見苦しいほどに急いで独立期日を一九四八年から一九四七年へと前倒しにし、ムスリム連盟の分離独立要求を受け入れ、亜大陸がふたつの敵対する国家に分割されていくのにまかせて、足早にその地を立ち去ったのである。イギリスを唯一慰めたのは、インドとパキスタンの両国がコモンウェルスの構成国になることに同意したことであった。しかしそれも、イギリス国王をコモンウェルスの象徴的なトップとして認めるという要件を、イギリスが取り下げたあとのことだった。

イギリスのビルマからの出立も、おとらず不名誉なものであった。戦前の植民地秩序を回復できるだろうという望みは、アウンサンと百戦錬磨のビルマ国民軍によってことごとく打ち砕かれた。イギリスはナショナリストの抵抗を潰すようインド人部隊に要請することはもはやできず、一九四八年一月にビルマに独立を与えざるをえなかった。そしてビルマの新しい支配者たちは、コモンウェルスへの加盟に同意するという、イギリスに対する慰めの身振りさえ取らなかった。

インド／パキスタンおよびビルマでのイギリス支配体制の崩壊と対照的なのは、セイロンでの権力移譲であった。一九四八年、同地でイギリスは、ほかの事例では得られなかったものをすべて得ることができた。セイロンの独立交渉にあたったシンハラ人は、旧宗主国の防衛・外交政策との結びつきを維持することを歓迎し、コモンウェルスへの加盟に喜んで応じた。彼らはこの新植民地主義的な関係を、北方の隣国インドとのつり合いをとるための必要な重しとして受け入れた。インドという生まれて間もない地政学的巨獣が域内にもつ利害関心や野心は、シンハラ人たちを不安にさせたのである。似たような懸念によって、イギリスは将来にわたり、ほかのさまざまな旧植民地ともこれと同等の関係を築いていくことになる。

イギリスは、戦時中に日本に奪われたその他の植民地、とくにマラヤ、ボルネオ、シンガポール、香港の支配を回復することに、より大きな成功を収めた。イギリスはまた、インドシナやインドネシア諸島へと部隊を派遣し、これらの領域でフランスとオランダが支配を再建するための基礎を築きもした。しかし、どちらにおいても、長く続いてきたナショナリズム運動がすでに自国の独立を宣言していた。当然ながら、連合国の行動は現地の人びとからの抵抗にぶつかった。戦争によって、人びとはいかなるかたちの帝国的権威に対する敬意も持ちあわせなくなっていたのである。長年にわたり鬱積してきた植民者に対する憤りが、日本の捕虜収容所から解放されたヨーロッパ人への襲撃として噴出した。インドネシア第二の都市であるスラバヤでは、約二〇〇人のオランダ人元捕虜が群衆によって殺戮された。イギリスによるスラバヤの軍事占領が危機をさらに悪化させた。インドネシア人とイギリス軍との衝突はエスカレートして、戦争直後の時期の戦闘のなかでももっとも苛烈なものとなり、インドネシア人に一万五〇〇〇人、イギリス人に六〇〇人の死者を出し、都市は完全な廃墟へと化した。これがインドネシア独立戦争の戦端を開く衝突となった。

ベトナムでは、ホー・チ・ミンのベトミンが日本の降伏後ほんの数日で独立を宣言していたが、すぐに中国軍とイギリス軍が国を占領し、フランス支配の回復のために道を開いた。怒ったベトナム人は、サイゴンで一〇〇人を超える民間のフランス人を虐殺することで応じた。フランス軍は、再武装された日本人捕虜の助けも得て、ハノイなどの諸都市からベトミンを駆逐し、港町のハイフォンだけで六〇〇〇人ものベトナム人を殺害した。ここでもまた、独立を目指す反植民地闘争が本格的に始まっていた。

戦争がアジアの諸人民に負わせた、広範に及ぶ荒廃と長引くトラウマを考慮すれば、敵対関係が公式に終了したあとも、アジア全域にわたって長く政情不安と暴力が続いたことは驚くに値しない。社会秩序は崩壊し、諸コミュニティは互いに不信感を抱き、残虐な行為に走りやすくなっていた。たとえば、近年の研究が明らかにしたところによると、ベトナムの戦後の騒乱はフランスとベトミンとの闘争を優に超える広がりをもっていた。それは、対立する諸政党を一掃しようとする冷酷な取り組みや、異なる民族・宗教集団間での血みどろの衝突を含んでいたのである。このように暴力が社会全体に浸透したことは、ヨーロッパ人が植民地支配を再開しようとした地域だけに限られた現象でもなかった。朝鮮では、一九四六年にアメリカ占領軍が農民蜂起を鎮圧した。この蜂起は凶作と、列強が自分たちの国を五年間の信託統治下に置くつもりだという噂によって引き起こされた。その後、済州島での大衆蜂起が続いて起き、アメリカに支援された朝鮮人の民兵が極端な獰猛さで鎮圧にあたり、三万から六万人の反乱者を殺した。アジアの戦後紛争でどこよりも多くの人命が失われ、破壊的であったのは、中国における国民党軍と共産党軍との内戦であった。死者数は数百万人に及ぶ。当時のヨーロッパ人たちは東洋で直面した難題のいくつかを、第二次世界大戦の結果として不安定な状態が長引いているることのせいにした。

さらに、植民地世界のなかでアジアほどのトラウマを抱えなかったところでも、困難な展開がみられた。アフリカ東南部の沖合に浮かぶ大きな島であるマダガスカルは、おおむね戦禍を免れたが、一九四七年にフランス植民地支配に対する大規模反乱が発生した。反乱は異常な残虐さで鎮圧され、死者数は公式記録で八万人となっているものの、おそらくずっと多かったであろう。フランスはアルジェリアでも問題に出くわした。同地では、セティフの町でヨーロッパでの戦争終結を祝う公開集会が警察と衝突し、騒乱が地域全体へと広がって軍による弾圧を招いた。すくなくとも一五〇〇人が殺され、そのほとんどがムスリムであった。しかし、死者数を四万五〇〇〇人と高く見積もるナショナリストもおり、この事件はアルジェリアの暗い先行きを示すことになった。一九四八年に〔現在のガーナの首都で〕起きたアクラ蜂起は、マダガスカルやアルジェリアの水準からすると些細なものではあった。しかし、ゴールドコーストをアフリカのイギリス領のなかでもっとも繁栄し、満ち足りた植民地のひとつだとみなしていた植民地省には衝撃が走った。この事件のきっかけは、アフリカ人退役軍人の一団が失業と未払いの戦争年金に抗議して総督邸宅へと押し寄せたことだった。五日間の暴動が続き、二九人が死亡、二三七人が負傷した。九年後に、新たにガーナと名づけられたネーションの独立を勝ち取ることになる近代ナショナリズム運動の口火が切られていた。

中東もそうだった。フランスとイギリスは同地で、自らの帝国的権威の基礎が戦争によってひどく蝕まれてしまったことに気づいた。レバノン人とシリア人のナショナリストたちは一九四三年後半にフランスからの独立を宣言していたが、フランスはそうした主張を認めることを拒否して、主に北アフリカ人と西アフリカ人の連隊からなる軍隊を派遣し、一九四五年五月にふたたび権威をうち立てた。ダマスカスは砲撃を受け、数百人のシリア人が殺されて無標の墓地に埋葬された。イギリス軍の中東司令部がすかさず介入し、フランスの行動とシリアとレバノンでの野望は、突然、無残にも終わりを告げたのである。

イギリスにとってはパレスティナが、戦争直後の数年間にアジア圏外で直面したもっとも困難で悲劇的な帝国の危機だった。第二次世界大戦の勃発前にすでに手に負えなかった状況が、一九四五年以降はさらに悪化さえした。イギリスはますます、競合するアラブ人とユダヤ人の利害関心と野望を調停できなくなるばかりでなく、中立的な仲介者であると主張する自らの立場も維持できなくなっていった。シオニスト・テロリストの行動、なかでも、エルサレムのイギリス政府本部が置かれたキング・デーヴィッド・ホテルの爆破、アーネスト・ベヴィン外相などイギリス人当局者を暗殺しようとする企て、そして、誘拐したイギリス兵二人を絞首刑に処し、さらなる死傷者を出すべく二人の死体にブービートラップを仕掛けた悪名高い事件などが、イギリス人の反セム感情をかき立て、治安部隊による民間ユダヤ人へのいわれのない攻撃を引き起こした。一九四七年までにイギリスは一〇万の兵（全軍の一〇分の一）をパレスティナに駐屯させた。これは同委任統治領の住民一八人につき兵士一人という割合に達していた。しかし、こうした軍隊の圧倒的なプレゼンスは暴力の循環を加速させるばかりであり、イギリスが制御できない事態へと陥っていった。イギリスの行動は、パレスティナの理念に共感を寄せる友好的なアラブ諸国と、ユダヤ人国家の創建を支持するアメリカ合衆国という紛争の両側に立つ同盟国を遠ざけることとなった。こうした状況下でイギリスは、一九四八年、ただ単に委任統治を国際連合へと引き渡し、ユダヤ人とアラブ人が戦争の準備をしていたパレスティナから撤退するのみであった。

これらの危機はそれぞれが独特であり、特定の原因や文脈の産物であった。とはいえ、それらをまとめて考えたときに明らかになるのは、第二次世界大戦直後にヨーロッパの諸植民地帝国は共通する一連の難題に直面していたということである。戦争は、とくにアジアで、しかしほかの場所でも、植民地の被支配者たちに対する諸帝国の権威を著しく弱めた。海外のいくつかの属領からの戦略的撤退は不可避であった。だが、戦後に直面した政治的・経済的な諸問題のために、これらの帝国は自らの帝国としての権威を、可能なところではどこでも、保持し、回復し、ふたたび主張することを余儀なくされたのである。

新しい帝国的編成

伝統的なヨーロッパの諸帝国が再興を遂げようと、あるいはすくなくとも自国の植民地であった諸領域を保持しようとした一方で、戦後の国際環境はそれらの帝国をますます時代遅れなものにしていた。この変化はしばしば帝国主義に対する拒否とだけ解釈されるが、ナショナリズムとの両立がそれほど難しくはない新しい帝国的編成への移行として理解するほうが、より正確であろう。

戦後の超大国としてのアメリカ合衆国とソヴィエト連邦の興隆が、こうした新しい帝国的編成への道を指し示した。両国家は、イデオロギー、政治、経済に関するさまざまな理由で、戦前の植民地秩序を再建しようとするヨーロッパ諸国の努力を冷めた目で見ていた。たしかにアメリカは冷戦の展開にともなって、独立を求める植民地の被支配者たちが共産主義による全世界的陰謀の手先にすぎなくなっているという恐れを深めたため、ヨーロッパの同盟国が帝国を維持しようとする動きに対する態度を大幅に和らげただろう。しかし、戦後におけるいっそう根本的な変化は、グローバルな覇権をめぐって争うアメリカとそのライバルの両方が、植民地支配に依拠しない帝国を築きつつあったということであった。これらの帝国はそれゆえに、ますます国民国家を普遍的な基準線とみなすようになった国際秩序との適合性をより強く有していた。

ソヴィエト連邦は一九二三年の建国以来、その新しいモデル帝国の内部にあるさまざまなナショナリズムの感情を非政治化し、憲法に規定された連邦制の構造へと吸収することで、そうした感情に対処しようとしてきた。一九四五年以降、同国は戦時中に失った諸領域を回復し、西方にも東方にも領土を拡張することができた。しかし、ソヴィエト連邦による戦後の帝国建設のもっとも重要なあらわれは、東部ヨーロッパ全域につくり出した一連のクライアント国家であった。これらの国家では、真に独立独歩の声をあげる者はすぐに黙らされ、据え付けられた政府はソヴィエトの利害関係者の傀儡となった。とはいえ、これらの国家はネーションとしての主権を主張し、国際連合への加盟を果たした。

アメリカ合衆国もまた、戦後に独自の新しいモデル帝国を築いた。一九四六年にアメリカは戦前の約束を果たしてフィリピンに独立を与えた。この行動は、同時期におけるヨーロッパの諸植民地帝国の振る舞いとはっきりとした対照をなす。しかし、帝国の放棄にみえるものは、よくよく分析すると、むしろ違った性格を帯びるものだった。アメリカはフィリピンの主権を譲る見返りに、フィリピン諸島内に二二の軍事基地を設置する権利を得たのである。これらの場所では、アメリカ軍はフィリピンの法的管轄権から自由であった。くわえて、フィリピン経済は、関税と通貨に関する諸協定によってアメリカ経済に密接に結びつけられた。太平洋のほかの場所でも、アメリカが戦時中にうち立てた島嶼基地のネットワークが、戦争終結にともなって戦略的信託統治領となった。これらの取り組みは、戦後の時代にアメリカの力を世界中へと投影するための基礎になった。アメリカの経済的・戦略的な利益は、貿易と防衛に関する好条件の諸協定を通じて維持され、それをアメリカの軍事基地のグローバルなネットワークと、堂々とウォール街を中心に据えたグローバルな金融システムとが下支えした。海外の諸領域を植民地支配することは単に不必要になったのである。

第3章　無秩序化し、再秩序化する世界

二一世紀初頭の視点から振り返ってみると、第三世界の脱植民地化についてもっとも印象的なのは、この政治の嵐の速度と規模である。第二次世界大戦の終結からわずか三〇年ばかりのあいだに、非西洋の諸人民に対する西洋の植民地支配が終焉し、第三世界の全域で一〇〇を優に超える新しい国民国家《ネーション＝ステート》に道を開いた。これはどのようにして起きたのだろうか。この主題を研究する人たちは多くの要因を挙げてきたが、その意見の相違はそれぞれの要因に与える相対的な重みによるところが大きい。ある人たちは植民地の諸人民の独立闘争を強調し、彼らの決然とした奮闘が帝国の権力者たちに撤退を強いたと論じた。別の人たちは、取り組みを主導したのはヨーロッパ列強のほうであり、これらの国々が公式に植民地を領有することを自身の

政治的・経済的なアジェンダにそぐわないと考えるようになったためだと主張した。また、国際連合やふたつの戦後超大国といった外部アクターの役割を強調する人もいた。これらのアクターが植民地主義を時代遅れで、モラルに反しさえするものとして特徴づけ、それを終わらせるために外交上でもイデオロギー上でも圧力を行使したというのである。これらの要因のすべてが働いたが、時、場所、状況によってそれらの重要度は異なっていた。

多数の地点をまたいでこうした多様な要因の複雑な相互作用を詳述することや、事例ごとに諸要因の相対的な重要性を測ることはほとんど不可能である。因果関係は入り組んでおり、ここでの目的にとってはその詳細よりも、当事者自身がその経緯と結果についてどう考えたかのほうが重要だ。現在から過去を見る私たちは、脱植民地化を大きな諸力によるほとんど不可避の結果だと捉えるかもしれないが、同時代の人たちがそのように見ていたわけではない。植民地支配の擁護者とそれに反対する者の双方が、その命運は自らの手に握られていると信じ、望んだ結果を導くために断固たる決意をもって戦った。一九四〇年代後半の脱植民地化の第一段階から一九七〇年代の第三段階にかけて、この画期的な変動はいくつかの荒々しい動乱によって区切られる。それらは政治的景観を揺るがすトラウマ的な出来事だった。多くの植民地でそうだったように、権力の移譲が平和裏におこなわれたところでさえ、そこでなされた選択はより広い範囲での独立闘争から、とりわけ出来事を制御できないような係争地での闘争から生まれた思索、計算、懸念と無縁ではありえなかった。

懐柔と強制の諸戦略

帝国当局が植民地の保持に固執するとき、おもにふたつの選択肢が利用できた。懐柔と強制である。どちらも最初から植民地支配に不可欠なものだったが、帝国の当局者たちは独立を得ようとする諸勢力に対応する際に、このふたつの選択肢の相対的重要性と適用範囲を再調整しなければならなかった。彼らは、保守的な植民地エリートを相手にいっそう強力な恩顧のシステムを構築し、より進歩的で西洋化された被支配者に対しては政治的譲歩の約束で不満を和らげ、急進的な反体制派は厳しい治安対策で弾圧しようとする戦略をとった。武装反乱に直面したときには、しばしば拷問、即決の処刑、裁判なしの勾留、強制移住をともなう、強硬な反乱鎮圧戦略が導入された。

第二次世界大戦後、どの帝国も程度の差こそあれ、植民地の被支配者たちの忠誠を得る、あるいは取り戻すために、憲法や政治の新たな仕組みを試した。フランスは一九四六年に自身の帝国をフランス連合へと鋳直し、本国フランスと諸植民地との新しい憲法上の関係をうち立てた。これらの植民地は「海外領土」と「海外県」へと再分類され、その人口の大部分に市民権が付与されたが、ほとんどは政治的には周縁化されたままであった。フランス連合の目的は、フランス帝国の多様な構成要素を、将来的には本当のパートナーどうしの提携関係へと発展的に解消させるというリベラルな約束にもとづいて、大きな連邦体としてつなぎ合わせることだった。植民地の被支配者たちの多くにとって、この約束の問題は、それがいつとも知れない未来へと延期され続けたことであった。他方で、この約束がフランスに課した問題は、市民権を獲得した植民地の住民たちが国家の資源を要求できたということだった。このように競合するアジェンダによってフランス連合は持続できなくなった。

ポルトガルも同様の線に沿って自らの帝国を改造し、一九五一年に植民地を「海外州」に再分類して、一〇年後には一部の植民地被支配者に市民権を与えた。オランダもまた、帝国を憲法で一新する戦後構想を練ったが、インドネシア人の抵抗がその実施を妨げた。いずれの場合も、植民地の被支配者は自分たちの事柄についてはわずかに発言力を増したが、それも帝国中心部への従属状態が継続することを保証する制度的構造の内部に留まるかぎりで認められたものだった。当然のことながら、そこがこれらの政治改革の要点であった。

イギリスは帝国を維持するためにいくらか異なる戦略を採用した。一九四八年イギリス国籍法はコモンウェルスと植民地の諸人民をイギリス臣民と認めたが、これは帝国統合の新しいビジョンというよりは、戦後の労働力需要に関わるものであった。かなりの数の非白人移民がイギリスの沿岸に到着しはじめるとまもなく、大衆と政治家は同法を急速に問題視するようになり、対策として入国制限が厳格化されていった。また、イギリスのコモンウェルスは戦後すぐの数年間で拡大と改革を遂げ、インド、パキスタン、スリランカという新興独立国家を含む、多人種間の提携組織となった。その目的は旧植民地に対するイギリスの影響力をある程度維持することではあったものの、フランス連合とは鮮明な対照をなした。コモンウェルスは、帝国の中心地と従属する諸植民地との統合を緊密化しようとする計画ではなく、むしろ自律的な主権国家間の同盟であった。イギリスの植民地はコモンウェルスに加盟することができなかったし、植民地の土着人口の政治的方途は、〔イギリスが〕不本意ながら譲歩した漸次的な改革の結果としてようやく切り開かれるものであり、そうした改革のあり方は個々の植民地ごとに大きく異なった。

イギリス帝国を再編成しようとする努力でもっとも印象的だったのは、植民地を地域ごとの連邦体へとまとめ上げる諸計画であっただろう。実質的にではなくとも形式的には、こうした考えの源泉は、カナダ、オーストラリア、南アフリカの諸国家を生み出した憲法上の取り組みにあった。これらのドミニオンはいずれも、従来は別々だった隣接する複数の植民地を単一の連邦政体へと結合することで誕生していた。連邦体形成の熱狂は、一九五〇年代から一九六〇年代のイギリス帝国の官界を風靡した。こうした連邦計画のうち最初のものは、失敗に終わったマラヤ連合であり、領域内のマレー人、インド人、華人の諸コミュニティの政治的利害を均衡させようとする試みであった。これは一年半しかもたず、一九四八年一月、マレー民族の反対という重圧のもとに崩壊した。イギリスはマラヤの共産党蜂起を鎮圧するとふたたび連邦形成を試みたが、今回はおもにマレー諸国家《ステート》／州の王族エリートと協力してことを進めるように気をつけた。その結果が、一九六三年にマラヤ、北ボルネオ、サラワク、シンガポールを組み込んで成立した連邦体である。こうして誕生したマレーシアは、二年後にシンガポールが追い出されるものの、それ自体は残り、実際に生き長らえたほぼ唯一の連邦体となった。

イギリスが促進したほかの地域連邦計画には、南アラビア連邦、中央アフリカ連邦、東アフリカ連邦、西インド連邦が含まれた。東アフリカ連邦は計画の段階を超えて実現することはなく、ほかの取り組みも一〇年も続かなかった。これらの計画は、政治的・民族的な分裂の圧力に屈したところがあり、人工的につくり上げられた政体に住む多様な諸人民が引き離されてしまった。しかし、なによりも、これらの取り組みはそのきっかけをつくった帝国の傲慢さの犠牲となったのである。中央アフリカ連邦が好個の例だ。一九五三年に設立された、この南ローデシア、北ローデシア、ニヤサランドの連合は、同地域の白人入植者の政治的な力を強め、そこにある農業資源と鉱物資源へのイギリスのアクセスを確保し、アフリカーナー・ナショナリストに支配される南アフリカに対抗するための戦略的な重しをつくり出すためのものであった。この地域全体で白人の人口をはるかに凌駕するアフリカ人は、中央アフリカ連邦の創設を自分たちの独立の希望に対する裏切りだとみなした。アフリカ人の抵抗は最終的に連邦体の崩壊を導くことになる。イギリスが推進したほかの連邦計画も、地元の諸人民が帝国の思惑を見破ると、同じ運命をたどった。

植民地支配者たちはさまざまな政治構想によって植民地の被支配者たちを懐柔しようとした一方で、強制に訴えもした。戦後の時代の困苦にもかかわらず、ヨーロッパの諸政府はその乏しい経済的資源の驚くほど多くの部分を再軍備につぎ込んだ。冷戦の幕開けがそうした流れを正当化するひとつの根拠になったが、もうひとつの重要な目的が植民地支配の維持であった。イギリスの場合はとくに注目に値する。戦後の労働党政府は、のちに「福祉国家」として知られるようになる、一連の意欲的な社会サービスを本国で導入したにもかかわらず、イギリス史上でもっとも金を費やした平時再軍備プログラムも実施した。戦時軍隊の動員解除に際して同政府が直面した難題のひとつが兵不足であった。インドの独立が、膨大な軍事要員の宝庫である亜大陸――ソールズベリー卿の独特の言い回しによれば「東洋のもろもろの海におけるイングランドの兵舎」――へのアクセスを断ち切ってしまった。イギリスは自帝国の利益を追求するために過去一世紀半にわたって、その人的資源を使用していたのである。労働党政府は一九四八年に国民兵役法を制定し、イギリス史上はじめて平時の徴兵制を導入することで対応した。この法律はすべての若い男性に二年間の兵役に就くことを義務づけており、結果として、およそ一五〇万人が服務し、その多くが植民地の紛争地帯へと送られた。徴兵制は一九六〇年代前半にようやく終了した。イギリスの帝国からの撤退によって、そのころにはもはや徴兵制は不要となっていたのである。

オランダとフランスも、植民地での反乱という問題に対処するために若い男性の兵役義務を導入した。オランダが一九四六年から一九五〇年までにインドネシアに配置した軍隊のかなりの部分が、徴兵された者たちだった。フランスは一九五〇年代半ばまで「志願兵」の軍隊を維持したが、アルジェリアでの戦争によって人員不足が生じると、本国での徴兵制導入を余儀なくされた。

しかし、どの帝国も国内の人的資源だけに頼って戦闘員を増強したのではなかった。すべての帝国は植民地や非本国の人的資源に大きく依存していたのである。フランスは一九四五年から一九五四年までにインドシナに五〇万人の軍事要員を配置した。そこには、フランス人二三万三〇〇〇人、北アフリカ人一二万三〇〇〇人、西および中央アフリカ人六万人、そして外国人部隊員七万三〇〇〇人（ドイツの退役軍人多数を含む）が含まれた。戦死者の数も同様にばらばらだった。つまり、フランス人一万八〇〇〇人、アフリカ人一万五〇〇〇人、外国人部隊員一万一〇〇〇人である。しかし、砲弾の餌食になるような兵士の供給源はおもにベトナム人で、そのうち四万六〇〇〇人が植民地の主人のために命を落とした。

あらゆる植民地軍は積極的に従属下の諸人民を徴兵した。おもにマイノリティの、しばしば周縁化された民族集団や部族集団から徴募されたこれらの兵は、マジョリティの人びとよりも帝国当局に対する忠誠心を保ち続ける傾向にあった。ムスリムが大半を占めるインドネシアでは、アンボン島のキリスト教徒であるアンボン人たちがオランダのためにこの役割を満たした。フランスは〔インドシナで〕、クメール人やほかの民族的マイノリティとともに、ベトナム中部高原のモンタニャール〔フランス語で「山地民」の意〕の部族民を重用した。イギリスは、自分たちが「尚武の人種《マーシャル・レース》」と好んで呼ぶ、ネパールのグルカ人、ケニアのカンバ人、ナイジェリアのティヴ人など、生まれつき軍務に適していると考えられた諸人民に目をつけた。

政治的煽動者の検挙、地元の支持者への脅迫、社会不安の防止といった日常的な抑圧の仕事は、植民地警察が遂行した。防衛の第一線は在地のコミュニティであり、そこでは植民地国家に仕えることで権力を振るおうとする人びとをつねに見つけられた。政治的抗議の抑圧は、植民地警察の使命にとって、犯罪の防止や摘発と同じくらいに重要だった。しかし、反植民地運動が強まるにつれて、帝国当局は、その技能ゆえに異なる任地への転勤が可能な専門的な人材にますます頼るようになった。このことはイギリスの植民地帝国でとくに明瞭である。王立アイルランド警察隊は、隊員が軍隊式の訓練を受けており、インド、セイロン、パレスティナなどの警察部隊の重要な採用基盤となった。これらの諸領域が独立すると、その地を離れた警察官はすぐにほかの植民地で雇用を得た。第二次世界大戦後の植民地での治安悪化によって、そうした警察官たちへの需要が高まった。たとえばマラヤでは、植民地警察の人員が一九四八年の一万一〇〇〇人から一九五二年の七万人へと膨れ上がった。政治的な異議申し立てが比較的平和裏におこなわれたイギリス領西アフリカでさえ、一九四五年から一九五六年までに植民地警察の人員規模がやはり二倍に増えた。イギリスのスパイ機関であるＭＩ５は植民地の警察隊を訓練してインテリジェンス活動をおこなわせ、植民地の法律の改変によって、警察は準軍事組織の設立や、通常の法的な手続きの外側での活動ができるようになった。

植民地支配には強制が不可欠であり、強制には暴力が不可欠であった。とはいえ、そうした暴力のほとんどは、あからさまに政治的だとは思われない文脈で発生した。植民地当局はしばしば、ストライキなどの労働者の行動を弾圧するために軍隊を使用した。経済的な取り分の獲得を目指す労働者の動員が、政治的変化を求める抗議へと簡単に転じてしまうことを恐れたのである。植民地当局の認識では、労働組合やその指導者は反植民地の煽動の重要な中心になりえた。さらに当局を狼狽させたのは、都市部での街頭抗議行動を非計画的かつ予測不可能なかたちで引き起こすことになるような、思いがけない事件の数々であった。そうした抗議行動が植民地国家に対する深刻な挑戦へとエスカレートするかもしれないという恐れから、当局はしばしば殺傷力でもって対応した。一九五二年、モロッコとチュニジアでは社会不安のさなかに、それぞれ一〇〇人以上と二〇〇人以上がフランスの治安部隊によって殺害された。アフリカ人の抗議によって中央アフリカ連邦の将来が危ぶまれると、ニヤサランドの当局者たちは非常事態を宣言し、準軍事組織を用いて家々を焼き払い、集団罰金を科し、一三〇〇人以上を裁判なしで拘束して、地元住民を恐怖に陥れた。ある事件では、警察が非武装の群衆に向けて発砲し、二〇人を殺害、二九人に負傷させた。のちの政府報告書はニヤサランド非常事態を非難し、同植民地を「警察国家」と呼んだ。

自らの支配に対する決然とした抵抗に直面したとき、すべての植民地帝国は苛酷な方策に訴えた。その結果、ヨーロッパの植民地支配下にあったアジア、アフリカなどの諸地域で暴力的な闘争が拡大した。これらの紛争の規模と残酷さには注意を要する。なぜならばそれが、ヨーロッパ列強は進んで植民地の被支配者たちに独立を譲り渡したという説の虚偽を明らかにするからである。こうした紛争は、平和的な権力移譲の例外として退けられることがあまりにも多かった脱植民地過程の諸側面を露呈している。

脱植民地化の諸戦争

植民地支配体制に対する一連の暴力的闘争は、初期はアジアに集中していた。第二次世界大戦のあと、イギリスが一定の迅速さと品格をもって南アジアの植民地から撤退したのに対して、オランダは断固としてインドネシアの諸人民に対する支配を回復しようと奮闘し、戦後の脱植民地化の第一段階から第二段階への移行を示す血みどろの紛争を引き起こした。一九四六年から一九四九年にかけて、オランダは一四万人の兵隊と三万五〇〇〇人の軍事警察を用いてインドネシア諸島で残虐な作戦を遂行し、その人員にはテロ行為を専門的におこなうストートゥルーペン（突撃隊）も含まれた。この作戦はオランダ軍史上最大の作戦だといわれる。しかし、それでもオランダ領東インドを維持するには十分でなかった。大規模な軍事行動が戦後オランダの希少な資源を枯渇させ、その冷酷さは国際社会からの反発を招いた。結果として、一九四五年八月に宣言されていたインドネシアの独立が、一九四九年一二月についに現実のものとなった。

フランスもベトナムで同じくらい残虐な作戦を遂行し、ベトミンを粉砕しようとした。この反植民地組織はあからさまに共産主義を標榜していたので、紛争は冷戦に絡めとられていき、アメリカがフランスを支持する一方で、ソヴィエト連邦と中華人民共和国がホー・チ・ミンの勢力を援助した。このため戦争は長期化し、深刻な破壊がもたらされた。紛争による死者数は約五〇万人に達し、そのほとんどは、フランス支配から自由になるために戦ったベトナム人か、交戦に巻き込まれた罪のない民間人であった。しかし、一九五四年にディエンビエンフーでフランス軍が大敗すると、流れはベトミンに傾き、ついにフランスはベトナムからの撤退を余儀なくされた。

イギリスはマラヤでの同時期の闘争においてより大きな成功を収め、共産主義者の蜂起を打ち負かした。しかし、これは軍事戦略がより効果的であったというよりは、むしろ敵がより弱体で、周縁化されていたことに関係していただろう。反乱者はほぼすべてマラヤの華人人口に属する者たちで構成された。つまり、多数派のマレー人コミュニティやインド人のコミュニティから闘争に身を投じた者はほとんどおらず、ローカルなレベルでの治安維持業務のほとんどはマラヤ自警団がおこなった。自警団の規模は数十万人にまで膨れ上がる。イギリスは、反乱者に忠誠心をもつと疑われる一万人を中国へと強制的に帰還させた一方、その同胞の多く、すなわち一〇〇万人を超えるマレー華人の男性、女性、子どもを駆り集めて、柵で囲われた村々に再定住させた。これらの村では、住民が反乱者に協力するのを治安パトロールが防いで

図版5　インドネシア独立闘争を支持して戦いの準備をするジャワ人男性の大集会，1945年。彼らは単なる棒や竹槍といった粗悪な武器を手にしており，訓練を受けていない志願兵であると思われる。

いた。再定住を拒んだ者は家を失うか、あるいはもっとひどい事態に直面した。なぜなら、軍事行動がとられていた諸地域は無差別砲撃地帯となっており、民間人と戦闘員の区別はほとんどなされなかったからである。イギリス側の勢力は、およそ四万の正規軍（イギリス部隊、コモンウェルス部隊、東アフリカ部隊、グルカ人部隊の組み合わせ）と特別な訓練を受けた六万人の警察、そして三〇万人の自警団から構成されており、マラヤ民族解放軍のために戦う八〇〇〇人程度の反乱者たちに対して、数のうえで大きく上回っていた。最終的な結果はほとんど疑問の余地がなかった。たとえそうではあっても、反乱者たちは、マラヤで非常事態が宣言されてから一二年後の一九六〇年まで降伏しなかった。イギリスは勝利宣言後すぐに荷物をまとめて本国へと戻ったが、新たに独立した連邦体であるマレーシアの権力が、イギリスの宗主権のもとで権威を行使してきた保守的なマレー人スルタンたちの手に確実に握られるようにもしたのである。

アジアでは、第二次世界大戦――とりわけ日本による軍事占領――が有した腐食作用によって、植民地におけるヨーロッパの権威が著しく掘り崩され、戦後の政治的騒乱を生む土壌がつくり出された。ヨーロッパの権力はほかの地域でも損なわれていき、アジアと同じくらいトラウマを残し、悲劇的な数々の反乱を引き起こした。アルジェリアほど重大にみえる例もないだろう。事実、そのために、脱植民地化のほかの諸戦争が目立たぬものになってきたほどである。一部の歴史家はアルジェリアの事例から、そしてそれをベトナムで起きたことと合わせて考える場合にはとくに、フランスは独立を求める植民地の諸人民の闘争に抵抗する際、ほかの帝国列強（とりわけイギリス）よりもずっと非妥協的であったという結論を導き出した。この主張は慎重にみる必要がある。というのも、イギリスやその他もろもろの植民地帝国も、解放運動に直面したときには似たような非妥協的態度を示し、それを打ち砕こうとするときにはしばしば、劣らずに残酷だったからである。

それでもなおアルジェリア戦争は、脱植民地化の時代の数々の闘争のなかでももっとも暴力的なもののひとつだった。そうなったのは、ふたつの手に負えないジレンマのためである。ひとつ目は、フランスの不可分の一部であるというアルジェリアの憲法上の地位に由来した。結果として、アルジェリア独立戦争（一九五四〜六二年）は、イギリスの連合主義者たちにとってのアイルランド危機と同様に、多くのフランス人のあいだに強硬な反対を引き起こした。ふたつ目のジレンマは、アルジェリアにピエ・ノワール（「黒い足」の意、西洋式の黒い革靴を履くことに因む）として知られる約一三〇万人の入植者が存在したことに起因した。こうした入植者たちのフランス市民としての特権的な立場は、土着のアラブ人やベルベル人に対する差別的な扱いとも合わさって、すでに不安定だった植民地の状況を燃え上がらせた。他方で、解放運動が自分たちの生活と財産を脅かしたために、入植者たちは断固としてそれを粉砕しようと死に物狂いになった。

一九四五年のセティフの虐殺があったにもかかわらず、フランス当局はしばらくのあいだ、アルジェリアでの緊張を緩和することができていた。それは、新たに設立されたフランス連合のもとでより多くのムスリムが市民権を得られ、自分たちの統治についてより大きな発言権を得られるという約束によった。しかし、新秩序は旧秩序よりも良いものではなく、一九五四年に憤りは革命へと転じた。この年、民族解放戦線は、まず農村で、つぎに都市で、組織的な一連の攻撃を開始し、アルジェの戦い（一九五六〜五七年）が危機を劇的に悪化させた。革命が広がるのにともなって、フランスはアルジェリアにますます多くの兵を投入し、一九五六年にはついに四五万人を超えた。合算すれば戦争の全期間で推計二五〇万のフランス人軍人がアルジェリアで勤務し、一万八〇〇〇人が命を落とした。フランスはまた、現地で徴募された大勢の兵も使用した。アルキ〔運動を意味するアラビア語のハルカに由来するフランス語〕と呼ばれた、このアルジェリアの村人たちは、フランスへの協力のために大きな代償を払うことになる。これは典型的な「汚い戦争」であり、系統的な拷問の使用、即刻の処刑、大量の民間人の再定住をともなった。合計で一〇〇〜三〇〇万人のアルジェリア人が強制的に保護下の村や収容所に移住させられ、さらに二五万から五〇万人が軍事行動で殺されるか、飢饉や病気の犠牲者となって戦争中に死亡した。しかし、フランスは反乱を鎮圧することも抑制することもできず、フランス国内の政治制度に耐えがたい負担をかけることになったため、第四共和政の崩壊とシャルル・ド・ゴールの権力への復帰を招いた。ド・ゴールといえどもフランスの威信と力を元通りにすることはできず、彼は一九六二年に見切りをつけてアルジェリアの独立を認めた。

　イギリスは、規模においても国内政治にもたらした帰結においても、アルジェリア戦争に匹敵する植民地危機にぶつかることはなかったが、脱植民地化を未然に防ごうとする無駄な努力のなかで一連の残酷な反乱鎮圧作戦を実施した。マラヤに加えて、ケニア（一九五二〜五六年）、キプロス（一九五五〜五九年）、オマーン（一九五七〜六〇年）、アデン（一九六三〜六七年）で大規模な軍事行動が取られ、ボルネオ（一九六二〜六六年）でもインドネシアとのあいだに植民地紛争に準じる紛争があった。これらの戦争の大部分は、イギリスの公共の記憶《パブリックメモリー》にほとんど痕跡を留めてこなかった。しかし、これらもまた「汚い戦争」であり、暴力の形態も規模も、国際法のもとで認められる範囲を大きく超え出ていた。おもにこの理由から、イギリスは用心深く、自らの反乱鎮圧作戦を戦争ではなく、「非常事態」と表現してきた。こうした用語上の区別によってイギリスは、そうでなければ批判を招くかもしれない捕虜の取り扱いなどの行為に関する国際的な監視の目を逃れて、活動することができたのである。

こうした紛争のうちでもっとも深刻なものは、ケニアのマウマウの反乱であった。この反乱は、ケニア高地の一部に住むキクユの諸人民に端を発した。そこでは、土地の多くが白人入植者に奪われていた。この反乱は植民地支配への挑戦であると同時にキクユ人のあいだの内戦でもあり、同じ植民地内のほかの民族集団や部族集団から支持を得ることができず、また、国際的な舞台では獣のように野蛮な原始的運動として中傷を受けた。そのためイギリスがこの反乱を鎮圧するのは比較的容易なはずだった。しかし、マウマウとして知られるようになる反乱者たちは驚くべき強靭さを示し、植民地当局は戒厳令をしいてイギリス軍を導入せざるをえなくなった。

植民地ケニアにおける反乱鎮圧作戦には、一万人のイギリス人兵士と、二万人を超える警察および入植者非正規軍が参加した。彼らが犯した残虐行為の多くは、近年ようやく明るみに出てきた。王立空軍は、マウマウの拠点地を覆い隠す森に絨毯爆撃を仕掛けた。キクユ人人口——ある推計によれば一〇〇万人を超える——のほとんどが駆り集められ、自警団がパトロールする村々へと再定住させられた。闘争心をもつと疑われた数十万人が収容所に監禁され、そこでは打擲や拷問も含む苛酷な状況が日常茶飯事となった。一〇〇〇人を超える反乱者が絞首刑に処された。この数はフランスによって処刑されたアルジェリア人の数の二倍である。マラヤと同様に、イギリスは勝利宣言をしたが、それはむなしいものだった。とりわけ一九五九年に、ホラ収容所に勾留中の一一人が殴られて死亡したことが漏洩して報道されると、宣言に値する勝利ではなかったことが明らかとなった。マウマウを屈服させるための長期にわたる作戦行動が、経済面、感情面、広報面でさまざまな損失をもたらしたことにより、ロンドンのイギリス政府はアフリカ人指導者たちに権力を移譲すべき機が熟したと考えるようになり、一九六三年にそれがついに実現した。

イギリス軍がほかの植民地を舞台として遂行した軍事作戦もまた、汚い戦争へと転がり落ちていった。そのうちもっとも厄介な作戦はキプロスで生じた。そこでは、ギリシアとの政治連合を求める民族的にギリシア人である人びとの軍事組織、キプロス闘争民族機構（ＥＯＫＡ）が、一九五五年にイギリス軍への攻撃を開始した。一年足らずのうちに、その島は二万のイギリス兵に占領され、その軍をおもにマイノリティのトルコ系コミュニティから集められた大規模な警察隊が補強した。キプロス作戦は、脱植民地化の諸戦争でイギリスが遂行したもっとも残酷な反乱鎮圧作戦のひとつだったが、マラヤやケニアでの非常事態ほどには知られていない。イギリス軍による暴力的な強制が広くおこなわれたにもかかわらず、ＥＯＫＡは持ちこたえ、ホワイトホールのイギリス政府を交渉の場に引きずり出した。キプロスは一九六〇年に独立を獲得した。ただし、それはギリシア系キプロス人とトルコ系キプロス人のあいだの御しがたい分断という代償をともなった。

ベルギー領コンゴの崩壊は、脱植民地化のまったく異なるパターンを提示したが、それもやはり同じように暴力をはらんでいた。一九五九年にレオポルドヴィルで独立を求めるアフリカ人の政治的デモが暴動へと発展すると、フォルス・ピュブリック〔フランス語で「公の武力」の意〕と呼ばれる植民地軍はその鎮圧のために実弾を使用し、五〇〇人もの死傷者を出した。しかし、これが脱植民地化を防ぐための長きにわたる作戦行動の口火を切ることにはならなかった。ベルギー当局は即座にナショナリストの要求を呑み、一九六〇年にコンゴに独立を与えたのである。とはいえ、ベルギー人たちが、コンゴに対する自分たちの支配がこれで終わると考えていなかったことはすぐに明らかになった。こうした見解がもっとも悪評を広めるかたちで表明されたのは、フォルス・ピュブリックのベルギー人司令官が部下のアフリカ人士官たちにこう〔板書して〕伝えたときだった。「独立前＝独立後」と。アフリカ人軍人は反乱を起こした。治安状況はすぐに悪化し、数万人の白人入植者がパニックのなかでコンゴから逃げ出し、いくつかの州では分離主義的な運動が起き、外国やさまざまな傭兵集団が介入し、国際連合は秩序回復のための平和維持軍を派遣した。こうして長引く政情不安のなか、吹き荒れる暴力によって数十万人のコンゴ人の命が失われた。

最後に、一九五六年のスエズ危機である。これは、脱植民地化の第二段階に起きた最後の大騒乱というわけではなかった。しかし、この危機は多くの点で、かつては当たり前におこなわれていた同種の軍事介入——しばしば「砲艦外交」と呼ばれる——によって帝国秩序を維持しようとするヨーロッパ諸国の努力に、ついに悲喜こもごもの弔鐘を鳴らすことになった。独立エジプトのカリスマ的な支配者であったアブドゥル・ナセルは、アラブ世界における反植民地感情の先導的な代弁者として自らの地位を確立していた。イギリスは、ナセルの煽情的なラジオ放送がアラブ人大衆を触発し、域内の親イギリスの諸政権に対する蜂起を引き起こすのではないかという懸念をますます強めていった。フランスはというと、ナセルがアルジェリアの革命家たちをひそかに支援していると確信するようになった。ナセルがスエズ運河を国有化すると、イギリスとフランスは攻撃を決定し、両国と結託したイスラエルがシナイ半島を侵略したのち、平和維持の使命という名目のもと、共同でエジプトへの侵攻を開始した。これは、空・海・陸の大規模な作戦をともなう一大軍事行動であった。エジプトの諸都市は爆撃され、エジプト空軍は壊滅し、エジプトの領土は占領された。しかし、ナセルは水路に船を沈めてスエズ運河を封鎖し、侵攻者の戦略に対抗する「人民戦争」を宣言した。国際世論の風当たりが急速に強まると、イギリスは外交的および経済的な圧力に屈して軍事作戦を中止し、フランスもしぶしぶこれを黙認した。この危機のあと、ナセルのアラブ世界における名声は飛躍的に高まった一方、イギリスのアンソニー・イーデン首相は面目を失って辞任した。後任のハロルド・マ

図版6　ごく近い将来に自分たちの国が独立するとの発表を祝い，レオポルドヴィル（現在のキンシャサ）の街頭で行進するコンゴ人たち，1960年。群衆のなかに大勢の女性がみえることは，彼女たちが独立運動に活発に関わっていたことを示唆する。

クミランは、この屈辱的な失態から明白な教訓を引き出した。一九六〇年に彼はアフリカを周遊し、その旅の締めくくりである南アフリカにおいて有名な「変化の風」の演説をし、植民地の被支配者たちに独立を付与すべきときがきたと宣言した。

一九六〇年代の後半には、イギリスとフランスはかつての植民地帝国の散り散りになった残骸をわずかに保持しているだけであった。一九七〇年代に脱植民地化の第三段階が開始すると、その中心はおもにポルトガルのアフリカ植民地となった。ヨーロッパの植民地列強のうちでも最小・最弱の部類に入るポルトガルが、第二段階にアフリカ大陸の大部分で脱植民地化を引き起こしたもろもろの圧力になぜ抗することができたのかは、説明が難しい。しかし、おそらくそれはポルトガルが第二次世界大戦中に中立を守ったことや、その後、アントニオ・サラザールの権威主義的な支配のもとで孤立したことと関係するだろう。この孤立のためにポルトガルは、戦後の時代に西ヨーロッパのほかの国々を変容させることになった政治的・経済的な流れに乗らずにすんだのである。結果として、ポルトガルはほかの諸帝国よりもずっと長く、反植民地の挑戦から守られ続けた。

とはいえ、ポルトガルのアフリカ植民地における被支配者たちは、自分たちの大陸の大部分で植民地主義が終焉を迎えようとしているということを耳にせざるをえなかった。一九六〇年代には、アンゴラ、モザンビーク、ギニアビサウでナショナリストによる政治運動が組織された。しかし、ポルトガルの植民地当局は容赦なくこれらの独立運動を弾圧した。地下活動へと追いやられて、反植民地の活動家たちはいっそう戦闘的になり、一九七〇年代にはポルトガル領アフリカのそこかしこで武装反乱が発生した。これらの反乱が最高潮に達したときには、およそ二〇万の兵が投入され、近代ポルトガル史上最大の軍事作戦となった。

ポルトガル軍は、反乱鎮圧作戦のお馴染みのレパートリーを使用した。裁判なしの勾留、即決の処刑、民間人の強制的な再定住、無差別爆撃などである。空爆はナパーム弾という武器が加わってさらに殺傷力を増した（これは、アメリカがベトナムで共産主義者の反乱を鎮圧しようとする際に導入した技術革新であった)。これらの戦争でどれだけのアフリカ人が死んだか知る由もないが、その数が数十万人にのぼることは確かだ。長く続いた苦境は、一九七四年四月、軍事クーデタでリスボンの体制が転覆されたことでようやく終わった。このクーデタ自体、いくつもの植民地戦争がポルトガルとポルトガル人に耐えがたい社会的・経済的な重荷を課したことの帰結だった。これらの出来事には、アルジェリア戦争がフランスにもたらした腐食作用の不気味な繰り返しがみられた。新体制はアフリカの地から即座にポルトガル軍を引き払ったことで、数十万人の白人入植者が慌てふためいて逃げ出し、権力の真空地帯として残された旧植民地の数々では、競合する諸反乱組織がその真空を埋めるために互いに銃火を交えたのである。

ポルトガルの植民地支配がこれほど長続きした理由のひとつは、南部アフリカのほかの白人マイノリティによる支配体制が権力にしがみついていたことである。一九六三年の中央アフリカ連邦の崩壊は、北ローデシア/ザンビアとニヤサランド/マラウイの独立をもたらしたが、南ローデシア(現在のジンバブエ)では、黒人マジョリティによる支配が開始されるかもしれない事態に対応して、大規模な白人入植者コミュニティが、自分たちのローデシア戦線政府による一九六五年のイギリスからの「一方的独立宣言」(UDI)を支持した。これは、植民地的な社会秩序を保守するために、入植者が主導して脱植民地化を起こした奇異な事例であった。ポルトガルが支配するモザンビークとアンゴラ、そしてアフリカーナーが支配する南アフリカとナミビアを隣国として、この反逆体制は、国際的な非難と経済制裁にもかかわらず、その後一五年にわたって生き延びおおせた。しかし、ひとたびモザンビークとアンゴラが独立を達成すると、対ローデシアの制裁は効果をもちはじめ、治安状況もたちまち悪化した。ますます死者が増え、絶望を深めた闘争は、イギリスが仲介した調停で終焉を迎え、その結果として一九八〇年に新国家ジンバブエが誕生した。ナミビアはこの例に倣って一〇年後に南アフリカの白人支配体制の軛を逃れ、南アフリカの白人支配体制それ自体も、長期にわたる武力闘争を経た一九九四年、黒人マジョリティの支配に屈することになる。

これらの脱植民地化戦争のひとつひとつを特徴づけるのは、ただ単にヨーロッパ人が自分たちの植民地を維持するために激しく戦ったということではなく、その戦いが汚かったということである。ヨーロッパ人たちは、従前のモラル的基準の範囲を逸脱すると知りながら、さまざまな形態と手段で暴力を使用し、そうすることで、自分たちが信じ、国際法に込めたその当の規範をないがしろにした。裁判なしの勾留、集団懲罰、強制的な再定住、拷問、大量処刑などが広範に使用された。この理由のひとつは、ヨーロッパ人が自分たちの敵は文明化されていない、あるいは野蛮でさえあると考えていたことである。それが、従来の戦争でのモラルの制約に従う必要はないという発想につながった。こうした考えは帝国の経験に深く根ざしており、過去のおびただしい残虐行為も正当化してきた。また、ヨーロッパ人たちの行為は、当人たちがそこから脱したばかりの破滅的なグローバル戦争という文脈のなかでもみる必要がある。あ

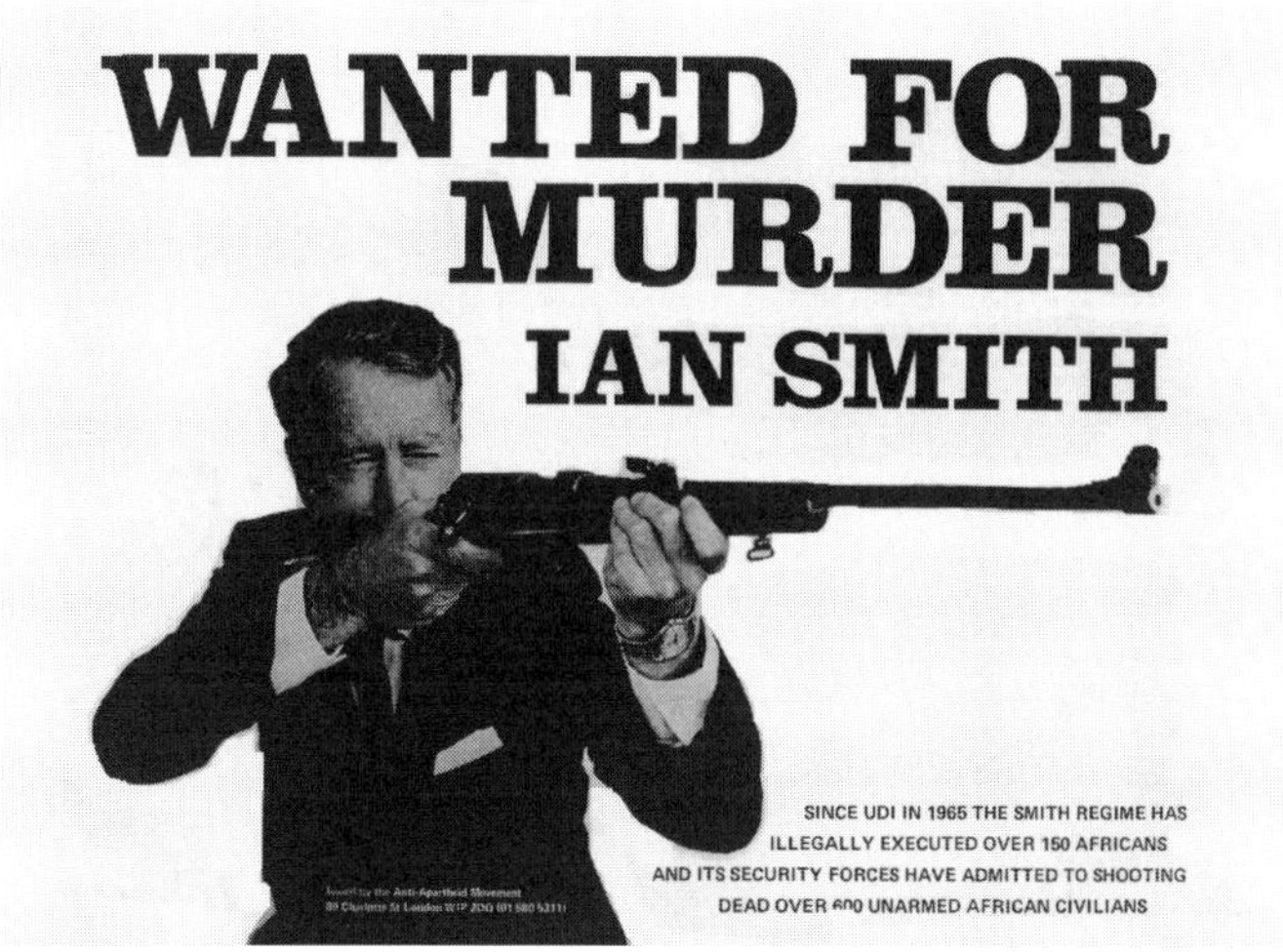

図版 7　ロンドンの反アパルトヘイト運動による「指名手配」ポスター。ローデシアで 1980 年まで黒人マジョリティ支配を拒否して植民地に準じる支配体制を続けたイアン・スミス首相を，殺人犯として描く。文章は「スミス体制は 150 人を超えるアフリカ人を非合法的に処刑しており，その治安部隊は 600 人を超える民間のアフリカ人を銃殺したと認めている」と記されている。

の戦争もまた、モラルや法による制約をほとんど受けることがなかったので、それによって生み出された先例が植民地の反乱者たちへと容易に適用できてしまったのである。

帝国列強にとっての問題は、枢軸国との戦争でまさに自分たち自身が掲げてきた自由とネーション自決の原則を、自らに歯向かうナショナリストたちも信奉しているということだった。これがリベラル帝国主義に内在する矛盾、つまり、強制的な手段とリベラルな目的とは共存しえないということを浮き彫りにした。前述のような、きわめて暴力的で超法規的な手段を植民地の被支配者たちに対してとるようけしかけることで、ヨーロッパの諸帝国は自らのイデオロギー上の破産を露呈したのである。さらに、国際的な舞台では、植民地の従属状態から抜け出たばかりの新たに独立した諸国民国家がかつてない発言権を得て、諸帝国の行動はますます注視と批判の対象となった。これらの新興国は、国際連合の総会や種々の委員会で力を合わせることで、新しく、かつ転覆を起こすほどに普遍的な人権解釈を推進した。その結果、植民地主義そのものが一種の人権侵害と断じられるようになったのである。

最後に、植民地支配体制が被支配者たちに向けた暴力は、体制に抗して戦う人びとの行動や態度につねに影響を与えた。暴力が暴力を生み、しばしば植民地紛争を制御不能な状況へと追いやっただけではない。それは、反植民地の知識人たちの一部に、真の自由は血の洗礼を経ずしては実現しえないという見解をもつにいたらせた。この見解のもっとも雄弁で影響力のある支持者は、マルティニーク生まれの精神科医で、アルジェリア革命のスポークスマンでもあったフランツ・ファノンだった。『地に呪われたる者』（一九六一年）で彼は、暴力行為は従属の心理的な鎖から逃れるために必要だと議論した。そしてこう宣言した。植民地主義は「あるがままの状態における暴力であり、ただより以上に大きな暴力によってのみ屈服させることができるのである」と。

同意による脱植民地化

ファノンは明らかに間違っていた。植民地支配体制のなかには、暴力によって強いられることなく、被支配者たちの独立要求に屈したものもあったからだ。アルジェリアを荒廃させた「より以上に大きな暴力」は例外であって、どこにでも当てはまることではなかった。ここまでの記述では厳しい闘争のあとにようやく脱植民地化が起きた事例に光を当ててきたが、それら以外にとても多くの、同意によって脱植民地化が生じた事例がある。両者の違いはどのように説明できるだろうか。私たちは、歴史の尺度におけるそれらの相対的な重みをどのように測れるだろうか。論者のなかには、ヨーロッパ人たちはたいてい、自ら進んで平和裏に植民地被支配者たちへと権力を移譲しようとしたが、ときとして、民族紛争、冷戦のエージェントによる政治的転覆、自治の責任を負う準備が必ずしもできていない諸人民を奮起させる国際世論などといった、自分たちが管理できない諸問題に直面した、と示唆する者たちがいる。別の論者たちは、それぞれの帝国権力の目的と行動が異なることを認識する必要性を強調する。つまり、一部の帝国（しばしばイギリスがこのカテゴリーの先頭にくる）はほかの帝国――とりわけフランス――よりも、植民地の諸人民に対して譲歩し独立を認める意欲がずっと大きいと評価するのである。本書では、むしろ、すべての帝国権力はできるかぎり自らの植民地帝国を維持しようと決意しており、その目的のために武力を行使する用意があったことを、ここまでのページで示してきた。

　もしそうであるならば、ほとんど、あるいはまったく暴力をともなわずに脱植民地化が生じた事例を、私たちはどのように説明できるだろうか。いくつかの説明がありうる。一部の事例では、土着の人びとのうちの保守派と植民地当局とが、革命的ナショナリズムに対する恐怖を共有することで政略結婚を果たし、その結果として権力が移譲された。一九四八年にセイロン（スリランカ）でイギリスがシンハラ人エリートへの権力移譲を交渉したとき、部屋のなかの象〔誰もが気づいているがあえて触れない重大な問題の意〕は、ポーク海峡の向こう側でのイギリス領インド《ブリティッシュ・ラジ》の崩壊であった。同様に、パレスティナにおけるイギリスの権力の急速な瓦解は、一九四六年にイギリスが隣接するトランスヨルダンの委任統治を放棄し、ハーシム家のアミールで直後に王を名乗ることになるアブドゥッラー一世へと権威を移譲することを決断する大きなきっかけとなった。フランスは一九五三年に、カンボジアとラオスの王党派支配体制に独立を付与した。これは、悪化するベトナムの状況が境界線を越えて飛び火し、ベトミンと結託するかもしれない急進的な諸勢力を勢いづけることを阻止するために、先手を打つ動きだった。ほぼ同様の一連の考慮によって、フランスは一九五四年にモロッコとチュニジアを脱植民地化させる決定を下した。隣接するアルジェリアでの情勢不安の深刻化という文脈のなかでの決断であった。さらに南では、白人の逃避と内戦を引き起こした、一九五九～六〇年のベルギー領コンゴにおける植民地支配の解体が地域全体に衝撃をもたらし、それに駆り立てられて、域内のほかの植民地では当局が信頼できるアフリカ人パートナーに権力を移譲する計画を加速させた。ひとつの植民地支配体制が抑圧と反乱の重みに耐えかねて解体しはじめ、そのあとに不安定な状況があらわれると、近隣の支配体制は同様の危機を避けるために、信頼できる土着のエリートと融和を図らねばならない立場に追い込まれたのである。これは戦術上の決断であって、原則にもとづくものではなかった。

帝国の宗主国にとって植民地を維持する理由がもはや見当たらないというただそれだけのために、独立を獲得した植民地の事例もある。これは脱植民地化の後期段階で起きる傾向にあった。というのも、その時期にまで残っていた植民地のほとんどは、深刻な政治上・安全保障上の懸念を引き起こすにはあまりにも弱小であり、また、移りゆく戦略的・経済的な検討課題のなかであまりにも周縁的であったため、それらの植民地を維持するのに必要な費用を正当化できなかったのである。一九六〇年代と一九七〇年代にイギリスは、もはや管理するメリットがないと思われた多くの植民地を手放した。そこには、地中海の島であるマルタ（一九六四年）、南部アフリカの諸王国であるレソト、ボツワナ、スワジランド（一九六六～六八年）、そして、バルバドス（一九六六年）、グレナダ（一九七四年）、セントルシア（一九七九年）などカリブ海の多様な島々が含まれた。二〇世紀の末には、諸植民地帝国の残された部分はおもに、規模が小さいか遠隔地にあるかして独立国家として生き残ることができないと考えられた諸領域で構成されていた。たとえばフランスは、レユニオンおよび南太平洋の一連の島々を保持した。

イギリスは、セントヘレナ、ジブラルタル、フォークランド諸島を依然として支配する。一九八二年のアルゼンチンによる侵攻とその後におけるフォークランド諸島の事例が鮮明に示すように、これらの残された植民地の住民たちこそが植民地としての従属状態の継続をもっとも熱烈に支持しているという場合も多い。

帝国からの緊急発進

第二次世界大戦後の数年間、すべてのヨーロッパの帝国列強は決然として、アジア、アフリカ、その他の植民地を保持あるいは回復しようとした。これらの国々はこうした努力に、しばしば乏しかった戦後の資源をつぎ込んだ。そして、暴力的な反対に直面すると、自分たち自身が戦時中の行動の指針として大事にしてきた倫理的な原則を裏切るような反乱鎮圧作戦の実行に意欲を示した。反乱鎮圧作戦が失敗し、帝国の権威が消失したあとには、しばしば性急で、慌てふためいた撤退が続いた。歴史家のロジャー・ルイスは、ヨーロッパによる脱植民地化は、ヨーロッパによる植民地化がそうであったのと同じくらい「緊急発進《スクランブル》」であったと述べた。この言葉は、多くの場合に無計画で、秩序だっていなかった、帝国退却の性質を見事に捉えている。帝国からの撤退は、脱植民地化を称賛する記述では見過ごされることが多い、ふたつの顕著な進展によって特徴づけられた。ひとつは、兵士や入植者などの植民地支配のエージェントたるヨーロッパ人と、その協力者であった多くの非ヨーロッパ人の大量逃避である。もうひとつは、内戦、民族浄化など、もろもろの形態の政治的暴力の発生である。これは、新しい国民国家がまだこれから獲得されるべきものであったときに、地域集団、宗教集団、言語集団などが相争って、その国民国家の領土や民族構成をかたちづくろうとしたことに起因した。どちらの進展も、植民地を国民国家に変えようとする闘争の副産物であった。

第４章　国民国家という問題

国民国家《ネーション＝ステート》は、脱植民地化の勝利であるとともに、その悲劇でもあった。その勝利は、ネーション自決という原則が普遍的規範として崇められるようになったことにある。以後、政治的主権と国際関係は、この規範に則って評価され、実行されることになる。約二世紀前の脱植民地化の第一波で始まったプロセスは、数百万人のアフリカ人、アジア人など、非西洋人の諸人民への独立付与によって最高潮に達し、それらの諸人民はそれ以降、いくつもの国民国家の市民になった。そして、これらの新しい国家は、制度的には国際連合に体現される、国際的な「ネーションの家族」への加入を認められた。同時に、ネーション建設の行程を進めていくなかで悲劇も生まれた。なぜなら、その行程はあまりにも頻繁に、新しいネーションを自らの利害やアイデンティティに沿うようにかたちづくろうとする、異なる民族集団、言語集団などの文化的な諸集団のあいだで紛争を引き起こしたからである。数百万人の人びとがこれらの紛争で死に、数千万人が故郷を追われたため、憤怒の感情と敵愾心が長く残ることとなった。

どうして国民国家がほぼ普遍的ともいえる脱植民地化の結果となったのか。そしてなぜ、その結果はこうも問題含みであったか。これらは答えられるべき、きわめて重要な問いであるが、国民国家が脱植民地化の時代に得られた唯一の選択肢だとは言いがたかったことを指摘しておく必要があるだろう。相互にまったく異なる仕方で主権や市民権を構想するもろもろの概念が、破綻した植民地秩序に代わりうるものとして撒き散らされた。諸帝国の当局は、重層的主権システムの内部でさまざまな度合いの自治を提案することで、植民地の被支配者たちとの関係を思い描き直し、再設定しようとした。こうした妥協案は、すくなくとも一時的には、植民地の政治的諸階層の一部からの支持を引き出した。その他の植民地被支配者たちは帝国秩序との完全な訣別を要求したものの、こうした人びとの多くは、国民国家というよりはむしろ、連邦体のような合成国家を好んだ。独立した国民国家を立ち上げることに目標を定めた人びとのあいだでさえ、その領域的および文化的な境界については意見が一致しないことが多かった。脱植民地化は複雑で争いを含んだ過程であり、さまざまな結果をもたらしそうにみえた。

そうであるにもかかわらず、国民国家こそが、脱植民地化が生み出したいろいろな国家にとって、初期設定として用意される選択肢となってきた。どのようにしてこうなったのか。この疑問に答えるために、私たちはまず、こうした国家建設過程の意味論とその現実とを区別しなければならない。近代の国際秩序が国民国家の普遍性を前提としている一方で、俗に国民国家と分類される政体の多くは、実際のところ、その言葉の定義上の基準を満たしていない。もし国民国家が、その領域的境界がある特定の人民の文化的境界と一致するような主権国家を意味すると了解されるのであれば――しばしばエスノ・ナショナリズムと呼ばれるものだ――、それは多くの場合、侵害されるがゆえに尊重される。文化的にあるいは民族的に均質な人民を有する国はほとんどなく、多くの国々が異なる文化集団ないし民族集団のあいだの紛争によって引き裂かれている。このことは、ヨーロッパの諸植民地帝国の脱植民地化の帰結として生まれた諸国家には、とくに当てはまる。近年、政治学者などの学者たちは、近代国民国家の内部における民族的・文化的な断層線にいっそう大きな関心を寄せるようになってきた。なかには「国家国民《ステート＝ネーション》」と呼ぶほうが正確かもしれない国々があるともいわれている。つまり、異なる複数の民族集団を包摂しようと苦心する――そして往々にして成功しない――諸国家という意味である。これらの研究は、現代の多くの国家は国民国家の理念型に合致しないと示すことで、脱植民地化を国民国家の勝利へと必然的にいたる一直線のプロセスだとする紋切り型の語り口を、より複雑なものに変えている。

反植民地コスモポリタニズム

植民地支配からの独立を求めるほとんどの運動の指導者たちに共通する特徴で、しばしば見過ごされてきたのは、こうした人びとのコスモポリタニズムである。これらの人物はたいてい、多言語話者だった。多くの者は、しばしば教育を受ける目的で、海外に出たことがあった。文化の違いを超えて結婚した者もいた。こうした人びとの全員が、世界性《ワールドリネス》＝世俗性の感覚、つまり、ほかの土地にはほかの人民がいるという認識を備えており、それが自分たちの反帝国闘争においても役立った。

イギリス帝国の世界から顕著な例をいくつか挙げてみよう。モーハンダース・ガーンディーはロンドンで法廷弁護士として修業し、同地でイングランドの慣習、着こなし、考え方を身につけた。それから二〇年以上にもわたって南アフリカに滞在し、法律の実務に携わりながら、市民的不服従という彼特有の戦略を練り上げた。一九一五年にインドへ戻ったころには、彼は祖国で事実上のよそ者だと感じるようになっており、その後の数年間、ふたたびインドに馴染めるように専念しなければならなかった。

インド国民会議派でのガーンディーの仲間だった博学なジャワーハルラール・ネルーは、イングランドのエリート教育機関であるハロウ校とケンブリッジ大学で教育を受け、名高いロンドン法曹院で法律家として訓練された。ネルーは人生を通じて、イギリスの文化、より広くは

図版 8　モーハンダース・ガーンディーと同僚が南アフリカの法律事務所の前でポーズをとっているところ（20 世紀初頭）。ドーティを身につけたインド人修行者としての後年のガーンディーの肖像とは対照的に，ここでの彼は，スリーピースのスーツを着て，専門的な仕事に就き成果を上げていることに誇りをもち，イギリス帝国支配がもたらすだろうリベラルな展望への信頼をあらわにする，西洋化された人物のようにみえる。

ヨーロッパの文化に対する賞賛の気持ちを強く抱き続けた。ケニアを独立へと導いた男、ジョモ・ケニヤッタは、一九二九年にイングランドへ渡り、一九四八年まで帰郷しなかった。この間、彼はイングランド人女性と結婚し、ロンドン大学で人類学の博士号を取得し、モスクワを訪問し、そしてパン・アフリカ運動の活動家となった。パン・アフリカ主義に魅せられたもうひとりの人物は、のちにトリニダード・トバゴの首相になるエリック・ウィリアムズであった。彼は一九三二年から一九四八年までイングランドに居住し、オックスフォード大学で歴史学の博士号を取得した。独立ガーナ（ゴールドコースト）の建国の父であるクワメ・ンクルマは、アメリカ合衆国に一〇年間滞在し、そこでひとつの学士号とふたつの修士号を得たのち、イギリスに七年住んでいるあいだに、やはりパン・アフリカ主義者の輪のなかに引き込まれていった。

フランスによる支配から自らの国を独立へと導いた人たちの多くも、同様の軌跡をたどった。独立したチュニジアの初代首相となったハビーブ・ブルギーバは、フランスで法律を学び、フランス人女性と結婚した。革命的な民族解放戦線の指導者で、独立したアルジェリアの初代大統領になったアフマド・ベン・ベラは、フランスのサッカーチームでプレイしたことがあり、一九三六年から一九四五年までフランス軍に所属してフランスとイタリアで戦った。セネガル建国の父であるレオポル・サンゴールは、一九二八年、さらなる教育を受けてキャリアを積もうとフランスに渡っていたが、まさにそこで彼は、故郷を離れたほかのアフリカ人たちとの交際を通じて、ネグリチュードの理念を生み出した。それは、アフリカの黒人すなわち「ニグロ」とそのディアスポラが共通の文化的遺産と人種的アイデンティティを分かちあっている、と捉えるものだった。このパン・アフリカ主義のフランス語圏バージョンに指針を得て、戦後、サンゴールは帰郷し、セネガルをより大きな政治的連合体へと統合するために邁進した。もし世界性《ワールドリネス》=世俗性が、単に外国のもろもろの土地への精通という点からのみ測られるのであれば、フランスから独立した国々の指導者になった人びとのなかでホー・チ・ミンの右に出る者は間違いなくいないだろう。彼の海外生活は三〇年にも及び——フランス（一九一一、一九一九～二三年）、アメリカ合衆国（一九一二～一三年）、イギリス（一九一三～一九年）、ソヴィエト連邦（一九二四、一九三三～三八年）、そして、現地で中国人女性と結婚もした中国（一九二四～二七、一九三一～三三、一九三八～四一年）——、その後ようやくベトナムに戻って独立闘争を統括したのである。

オランダ、ベルギー、ポルトガルの領地における反植民地運動の指導者たちは、海外に旅行したり留学したりする機会が概して少なかったが、やはりコスモポリタンな特徴を有していた。インドネシア建国の父スカルノは、群島をなす故国から遠く離れたことがなかったにせよ、高度な教育を受け、オランダ語に加え、マレー語、ジャワ語、スンダ語、バリ語といったインドネシア諸語を流暢に話し、英語、ドイツ語、フランス語、アラビア語、日本語にもある程度通じていた。ベルギー領コンゴを独立に導いた人物であるパトリス・ルムンバは、同様に旅行の経験は限られていたが、フランス語、スワヒリ語、そしてコンゴの諸言語のうちすくなくとも三つを話した。ギニアビサウのアミルカル・カブラルとアンゴラのアゴスティニョ・ネトは、ポルトガル領アフリカの被支配者のなかでもリスボンで高等な学位を取得した数少ない人物だった。彼らはリスボンで出会い、自らの独立運動の構想を思い描いた。こうした経験や技能は、これらの人びとが示したリーダーシップの重要な要素であり、そのリーダーシップは、自分たちの闘争のスケールを正しく認識できているかどうかに大きくかかっていたのである。

国民国家に代わる数々の選択肢

これらの反植民地コスモポリタンたちは、諸帝国のグローバルな広がりのために、それに抵抗するのにもグローバルなネットワークが必要になることを理解していた。この人たちはそうしたネットワークを推進する諸理念に惹かれ、それぞれの理念は、ナショナリズムとその制度的発現である国民国家がもつ民族的・領域的な制約に対抗したり、それを抑制したりするものだった。しかし、こうした諸理念を実行に移すことは、主唱者たちが予期していたよりもずっと難しかった。

一九世紀後半から二〇世紀前半には、アナーキズムがアジアからアメリカスにかけての反植民地活動家たちを魅了した。アナーキズムは、しばしば支配者を暗殺の標的とすることによって独裁体制の転覆を目指す、革命家たちのグローバルなネットワークをうち立てた。アナーキストたちは、どのような国家もその本質において帝国主義的であると考えたため、抑圧的な制度としての国家を全面的に否定した。しかし、第一次世界大戦の勃発にともない、交戦国の諸政府が強制力をかつてないほどに増大させたことに対して、アナーキズムはなんの回答ももたず、その訴求力は急速に減退していった。

ソヴィエト当局が世界共産主義という大義を推し進めるために一九一九年に設立した、共産主義インターナショナルすなわちコミンテルンが、戦間期においてアナーキズムにほぼ取って代わった。コミンテルンは、本国と植民地の革命家たちを帝国主義に反対するトランスナショナルな運動のもとにまとめ上げようと熱望する点ではアナーキズムと共通したが、ソヴィエト連邦という一国家の中央司令のもとで活動し、同国の地政学的関心がその活動方針を決定した。コミンテルンは戦間期におけるトランスナショナルな急進的運動の発展を促し、それが一部の反植民地活動家にインスピレーションや支援を与えることもあったが、ソヴィエトの利益に資する場合には、反植民地活動家たちの努力を巧みに操って利用したり、ひいては台なしにしたりすることもあった。一九四三年にソヴィエト当局はコミンテルンを解散し、代わりに自国の生き残りに専念した。

しかし戦後、政治的理念としての共産主義が、とくにアジアを中心に、反植民地活動家たちから再度注目されるようになった。一九四九年に中国で共産主義者たちが勝利したことに鼓舞されて、ベトナム、マラヤなどの植民地支配に反対する者たちは、自分たちの運動を同様の路線でかたちづくっていった。共産主義は反植民地ナショナリズムの大義を支持する一方、インターナショナルな連帯というそのイデオロギー上の約束が、国民国家の領域的制約を超える政治という、人を惹きつけてやまない将来像を提示した。一部の共産主義反乱勢力、ほかのどれよりもホー・チ・ミン指導下のベトミンが、中華人民共和国やソヴィエト連邦から受け取った物質的な援助に、そうした未来の暗示が垣間見えたかもしれない。しかし、一九六〇年代前半の中ソの反目によって、共産主義がネーションの利害を超えられるかどうかに深刻な疑念が投げかけられ、こうした疑念はその後、一九七九年の中越戦争のような数々の紛争によってますます強まっていった。さらに、共産主義の影は、帝国当局が植民地のナショナリストたちに抱いていた疑惑や敵愾心を増大させ、帝国当局はますますナショナリストたちをモスクワや北京に指図される国際的な共謀の手先であると考えるようになった。また、アメリカ合衆国は、戦後の同盟国が自らの植民地にしがみつこうとすることに対し、より大きな共感を示すようになっていった。植民地の被支配者たちの独立闘争は冷戦の要請にしたがって解釈されるようになり、アメリカはそうした被支配者たちに対する暴力的な弾圧をたびたび容認し、ときには援助すらしたのである。共産主義のトランスナショナルな訴えかけは、多くの植民地の反乱者たちにとって魅力的なものではあったが、それは大きな代償をともなった。

その他の植民地主義の批判者たちにとって、より説得力のあるトランスナショナルな戦略は、

図版 9　アフリカ，アジア，その他の第三世界の革命家たちが，圧制者に突進するところを描いた 1967 年の中国のポスター。題字には，中国が「アジア，アフリカ，ラテンアメリカの人民の反帝国主義闘争を断固として支持する」とある。一部の独立運動は共産主義の中国からインスピレーションを得たものの，中国がこれらの運動に関与したことは，脱植民地化をめぐる闘争を冷戦と分かちがたく絡み合わせることにもつながった。

広く定義された民族的、人種的、宗教的なアイデンティティを基礎にして従属下の諸人民を動員しようとするものだった。さまざまなかたちのパン・ナショナリズムの運動、たとえば、パン・アフリカ主義、パン・アラブ主義、パン・アジア主義、パン・イスラーム主義などが、一九世紀後半に湧いて出るようにあらわれた。この時期、コミュニケーションと運輸ネットワークの劇的拡大によって、長い距離を超えて同胞愛の感覚を育むことが以前よりもずっと容易になったのである。これらの運動のほとんどは帝国支配を避けようとしたが、実際のところ、民族名にパンを冠する熱狂的運動には、帝国としての国家が自らの拡張主義的な野望を実現しようとして鼓吹したものもあった。とくにパン・ゲルマン主義運動とパン・スラヴ主義運動がこれに当てはまり、ヴィルヘルム時代／ナチス時代のドイツと帝政ロシア／ソヴィエト連邦とが東部ヨーロッパでの優位をめぐってイデオロギー上も地政学上も争っていたときに、それぞれの立場を代弁するものとして働いた。同様に、帝国としての日本も、一九三〇年代に軍国主義的な目的のため、パン・アジア主義の運動を乗っ取ろうと全力を尽くした。このような操作があったにもかかわらず、パン・ナショナリズムの運動は多くの反植民地活動家に強い訴求力を発揮した。

こうした訴求力の好個の例が、一九世紀末に高揚したパン・アフリカ主義の運動である。パン・アフリカ主義は、アフリカの〔文化的・血統的な〕遺産を引き継ぐあらゆる人民が、アフリカにおける植民地収奪から西洋世界全体での人種差別にいたるまで、共通の利害と関心を分かちあっているという確信を前提とし、アフリカ人とその類縁である他大陸のディアスポラが一丸となって行動するように動員に努めた。第一回パン・アフリカ会議が一九〇〇年にロンドンで開かれ、続いて、一九二一年から一九四五年までのあいだにさらに四回が開催された。参加者には、クワメ・ンクルマ、ブレーズ・ジャーニュ、ジョモ・ケニヤッタ、ヘースティングズ・バンダなど、アフリカ各地の植民地の独立運動指導者たちが数多く含まれ、W・E・B・デュボイス、ジョージ・パドモア、リチャード・ライトといったディアスポラ黒人コミュニ

図版 10　1961 年のカサブランカにおけるアフリカ首脳会議は，アフリカのさまざまな新興独立諸国の指導者たちが集まった。左から右へ，マリのモディボ・ケイタ，ギニアのセク・トゥーレ，モロッコのムハンマド王，ガーナのクワメ・ンクルマ。これは，個別の国民国家の創設によって引き起こされる細分化を克服し，パン・アフリカの提携，ひいては第三世界の国々のグローバルな連携すらも形成しようとする数々の努力のうちのひとつであった。

ティの著名人もいた。

パン・アフリカ主義者たちは、アフリカの植民地化に向けた緊急発進《スクランブル》の際に創出された領域的な境界線を再生産することに警鐘を鳴らした。この大陸が、小さく、脆弱で、互いに敵対する国家群へとバルカン化することを恐れたのである。権力の移譲がまさにこうした路線でなされたとき、アフリカの国家指導者たちの何人かは、地域ごとの連邦体の提唱によって自らが直面する制約を乗り越えようとした。タンザニアのジュリウス・ニエレレ、ケニアのジョモ・ケニヤッタ、ウガンダのミルトン・オボテは、東アフリカ連邦に賛成する共同宣言を発した。しかし、彼らの高邁な宣言はほとんど実現しなかった。西アフリカでは、いまや独立国家ガーナ（ゴールドコースト）とギニアの新指導者となったンクルマとセク・トゥーレが、一九五八年に実際に政治連合を成し遂げ、数年後に隣接するマリがこれに加わった。ンクルマはこの取り組みが、来るべきアフリカ合衆国創設の礎になることを期待したが、駆け出しの連合はまもなく瓦解した。脱植民地化とネーションの利己主義との力学が、何度にもわたってパン・アフリカ主義者たちの夢の実現を阻んだのである。

北アフリカと中東でもほとんど同じことが起きた。ここでは、ヨーロッパ諸帝国の侵略がパン・イスラームやパン・アラブの感情を高ぶらせた。パン・イスラームのプロジェクトの一九世紀における主唱者は、ペルシア生まれのジャマールッディーン・アフガーニーであった。彼はインド、エジプト、トルコなどでの長きにわたる逗留を通じ、腐食作用を有する西洋の政治的・文化的な影響に対抗して、ムスリムの諸人民をまとめて動員することを提唱する有力な論者となった。脱植民地化の時代に彼の主張を繰り返す者たちがあらわれ、現在においても多くの者がそうすることになるだろう。しかし、ムスリムたち、あるいはアラブの諸国家のあいだでトランスナショナルな政治連合を形成しようとする努力は実らなかった。もっとも成功した試みはアラブ連合共和国であり、このパン・アラブ主義に着想を得たエジプトとシリアとの連合体は一九五八年に誕生したが、三年も経ないうちに崩壊した。

ほかの植民地活動家たちはまた、まったく異なるトランスナショナルな将来像、つまり帝国システムそれ自体のなかで政治的な自由を拡張することを前提とする未来を思い描いた。この戦略は直観的には理解しにくいが、一見そうみえるほど間違いではなかった。とくにイギリスとフランスの両帝国の言辞には、市民権についてのリベラルな約束が不可分に組み込まれていた。また両帝国は、この約束が植民地エリートにとって達成可能に思えるような――エリートだけがそう思えればよかった――仕組みを整えた。一九世紀半ばから二〇世紀の最初の一〇年間にかけて、イギリスはカナダ、オーストラリア、ニュージーランド、南アフリカの入植植民地に自治を与えた。戦間期までに、これらはドミニオンと呼ばれるようになり、国際コミュニティによって自律的な主権国家であると承認され、国際連盟に議席を有したが、同時にイギリス帝国への所属を維持してコモンウェルスの原加盟国となった。

この混淆的な政治システムは、自治を求める、西洋的な教育を受けた多くの植民地被支配者たちに、魅力的なモデルを提供した。イギリス領西アフリカの全体で、都市化した高学歴アフリカ人エリートの面々が、政治的権利を求める自分たちの運動を、イギリス帝国への忠誠という言葉で枠づけた。その適例は、ゴールドコーストの著名な法律家・政治家のジョセフ・E・ケイスリー・ヘイフォードであり、彼は自分自身を植民地自治の支持者であると同時に、帝国への熱烈な忠誠心の持ち主であると考えた。同じことは、若いころのモーハンダース・ガーンディーを含む、二〇世紀前半の多くの指導的インド人ナショナリストたちにもいえた。彼らは、帝国のなかに留まりつつも、ほかのコモンウェルス加盟国と肩を並べるドミニオンという地位で自治をおこなうインドの姿を思い描いた。

フランスは異なるリベラル帝国モデルを採用した。それは文化的・政治的な同化を前提とするものだった。フランスは古くから、植民地被支配者の一部に市民権を与えてきた。そうした被支配者には、たとえば、セネガル植民地のもともとの入植地やコミューンに住んでいた、エヴォリュエ〔フランス語で「開化された者」の意〕と呼ばれる西洋化したアフリカ人たちがいた。一九世紀後半から二〇世紀前半には、選挙で投票する権利、立候補する権利、さらにはフランス議会に議席を有する権利までもが、その他の植民地のエヴォリュエに拡張された。第二次世界大戦後、一九四六年にフランス連合をつくり出した憲法は、すべての植民地臣民をフランス市民と認めたが、同等の投票権は与えなかった。こうした制限にもかかわらず、このフランスとの連邦体は当初、多くの植民地指導者たちに好感をもって受け入れられた。セネガルのレオポル・サンゴールは、ほか数人の植民地出身者たちと同じく、フランス国民議会の選挙で当選した。ホー・チ・ミンでさえ初めは、この新しい政治秩序に寄せる大きな期待を表明していた。彼は一九四七年、別のフランス植民地の被支配者にこう述べた。「フランス連合には私たち全員にとっての救いがあり、それが加盟国の自発的参加にもとづく機関であることは幸運だ」と。

しかし、リベラル帝国主義の約束は植民地の人種主義によって掘り崩された。人種を理由に植民地の被支配者たちの政治的権利と社会的機会へのアクセスに制限をかける政策は、広範にみられ、悪影響をもたらした。こうした政策にもっとも強く心を揺さぶられたのは、帝国の約束をもっとも熱烈に受け止めていた人びとであった。植民地従属下の人びとのなかでもっとも西洋化されたエリートたちが、しばしば西洋のもっとも手ごわい敵になったことも驚くには値しなかった。この問題は白人入植者が多数存在する植民地において、とくに顕著だった。アルジェリアのピエ・ノワールと呼ばれる一〇〇万人強の入植者たち（第3章参照）は、自分たちの権力と特権が侵食されることを恐れて、アラブ人人口に対するいかなる譲歩にも強硬に反対した。最終的にアラブ系アルジェリア人たちは、帝国の市民権は空約束だと結論し、その多くが武装反乱に走った。オランダ領東インド、ポルトガル領アンゴラ、イギリス領ケニアなど、大きな入植者人口を抱える植民地の大多数では、ほとんど同じことが起こった。

植民地被支配者によるリベラル帝国主義への幻滅のもっともよく知られた例のひとつは、ガーンディーの南アフリカでの経験だろう。一八九三年の到着後すぐにガーンディーは、自分や自分と同じインド人移民が白人入植者から劣等な闖《ちん》入者だとみなされていることに気がついた。白人たちが人種の優劣を測る不当な物差しのうえで、インド人移民は土着のアフリカ人人口と同じくらい低く順位づけられていたのである。ガーンディーは自分自身や同郷の者たちを、アフリカで文明化の使命を果たす〔白人の〕パートナーだと考えていたため、インド人たちに向けられた差別政策や個人的中傷にショックを受けた。それでもしばらくのあいだ、彼は、帝国としてのイギリス国家は南アフリカの白人入植者の態度やアジェンダを共有していないと信じることにこだわり続けた。とはいえ、オーストラリア、カナダ、ニュージーランドまでもが、自ら宣言する「白人の国」としての地位を守る目的で、市民権や入国管理に関して人種的に制限を課す政策を導入すると、こうした信念は痛切に試されることになった。さらに、これらの人種政策にイギリスの帝国当局がひそかに加担していることがしだいに明らかになってきた。最終的にガーンディーは、イギリス帝国においてインドとインド人が平等なパートナーシップを達成することは決してできないと考えるにいたった。ほかにも同様の結論にいきつく者たちがいた。W・E・B・デュボイスが「二〇世紀の問題とは、皮膚の色の境界線《カラー・ライン》の問題だ」と有名な診断を下したのは、まさにこうした文脈においてであった。

ポスト植民地の未来についてトランスナショナルな青写真を描くうえで、国民国家は、下位には置かれるものの、長いことその構成要素とされ続けていた。そうした大きな構想が潰えると、国民国家はそれ自体としてより大きな重要性を帯びるようになった。独立主権国家という考えはしばしば、一七世紀半ばのヨーロッパで発展した国際関係のウェストファリア・システムにまでその起源がたどられるが、独立主権国家がナショナリズムおよび国民国家と結びつくのはもっとあとになってからである。そうした結びつきは、一般意志ないしナショナル・アイデンティティを共有し、ほかと区別できるひと続きの領域に居住する民衆の存在を前提とする、一八世紀の人民主権の概念から生まれてきた。自分たちの反植民地闘争の望ましい結果として国民国家を捉えるようなった人たちは、国外の前例に着想を得るとともに、国内の圧力によって駆り立てられた。

国外の前例とは、それまでの脱植民地化のふたつの波の産物だった。アメリカ合衆国は、植民地から国民国家への移行を成し遂げた最初の国家としての名声により、多くの反植民地活動にとってのとくに魅力的なモデルとなった。とりわけ第一次世界大戦の末期にかけて、ウッドロウ・ウィルソン大統領がアメリカをネーション自決の擁護者と位置づけると、アメリカは大きな注目を浴びた。ウィルソンが非西洋世界の諸人民には自治の資格がないと考えていることが明らかになるにつれて、反植民地ナショナリストたちが彼の言辞に寄せていた大きな期待は崩れ去った。それにもかかわらず、模倣すべき国としてのアメリカの名声は、フランクリン・

デラノ・ローズヴェルト大統領によって回復された。ローズヴェルトは、ヨーロッパの植民地主義を真っ向から批判し、大西洋憲章に「すべての人民は自決権を有する」ことを確認する条項を含めるよう主張したのである。ホー・チ・ミンは自ら共産主義者を名乗っていたものの、一九四五年にベトナムの独立を宣言する際、アメリカ独立宣言の最初の数行を借用した。

ふたつの世界大戦の結果としてもたらされた国際的な協定や制度は、重要な、だがしばしば意図せざる、前例の数々を提供し、国民国家の普及に貢献した。一九一九年のパリ講和会議では、ウィルソンとそのパートナーである諸大国が反植民地の大義を裏切ったにもかかわらず、中部および東部ヨーロッパに誕生した複数の新しい国民国家が承認されたことによってネーション自決の原則がうち立てられ、その原則をヨーロッパ内に留めておくことが難しくなった。植民地の諸人民に自由を与えないために用いられてきた文明化という理由づけも、ヨーロッパ人どうしの血で血を洗う野蛮な殺戮に照らしあわせると、すっかり色あせてしまった。国際連盟の委任統治システムはこの理由づけに、インターナショナリズムの光沢をつけ加えてその装いを一新したものであったが、いまやネーションの主権こそが国際コミュニティに加入するための必須条件であることを確実にしたにすぎなかった。一九四五年の国際連合創設によって、植民地的従属に反対する活動家たちはますます、国民国家という風に合わせて自分たちの帆を調整する必要性を感じるようになっていった。

国際連合の主要な設計者である南アフリカのヤン・スマッツは、国際連合を超帝国的な統治機関として構想した。そこでは、安全保障理事会の常任理事国の座を通じて、同機関を統御するための不公平に大きな力が列強に与えられるとともに、信託統治理事会――事実上、委任統治システムの再来であった――を通じて、自治の能力がないとみなされた諸人民に対する列強の支配が認められた。しかし、植民地主義の批判者たちは、国際連合憲章が主権の標準形態としてのネーションのあり方を強調していると指摘した。総会は、新規加入の独立国家が数を増やしていくことで強化され、ますます力強く反植民地感情が発露される討議の場となっていった。植民地主義そのものも、国際連合の世界人権宣言を侵害するものと捉えられるようになった。同様に、国際法上での自決権とは、国民国家として承認される権利だと解釈されるようになった。

国民国家に弾みをつける推進力は下方からも生じた。政治的権利などの市民権の恩恵を求める植民地従属下の諸人民の声は、パンを冠する民族アイデンティティや国際プロレタリアートなどの、散漫で、しばしば抽象的な結びつきが優先される場合よりも、特定の場所とコミュニティについて発せられたときのほうが、より強い感情を喚起したし、達成の可能性も大きいようにみえた。主権を有する国民国家という考え方は、より直接的で、直感的な影響を市民社会に与えた。それは大衆の支持を動員できるような言葉で表現することができたのである。女性たちもこの支持に加わったことは注目に値し、彼女たちは植民地支配に反対する多くの運動で重要な役割を果たした。インドでは、女たちが投票権を要求した。ナイジェリアでは、女たちが路上で暴動を起こした。アルジェリアでは、女たちが爆弾を仕掛けてフランス人の男たちを殺した。植民地世界のいたるところで、女性たちはナショナリズム運動への活発な参加者となり、仲間の男性たちとともに協働した。

ナショナリズムの訴えかけは大衆を発奮させることができたが、他方で大衆は独立を勝ち取るための運動を複雑にすることもあった。農民、賃金労働者、市場の女性などの庶民を引き込むために、独立運動を指導するコスモポリタンなエリートたちは庶民が理解できるようなかたちで庶民の関心事に対処しなければならなかったのである。反植民地の運動を組織する者は、植民地の領域そのものにほぼ直接して存在する、土地、労働、課税といった問題群に取り組む必要がでてきた。また、在地の人びとに固有のさまざまな文化要素、つまり、服装、方言、慣習、宗教上の象徴など、意味の諸形態を利用して、在地の人びとの注意を惹き、支持を訴える必要も生じた。たとえば、西洋式教育を受けた多くの指導者たちは、よりいっそう「人民の代表」らしく見えるように、ヨーロッパ風のスーツと立て襟シャツを脱ぎ捨て、伝統的な衣装、すなわちモーハンダース・ガーンディーのスカートに似たドーティやホー・チ・ミンのクアンという黒いズボンなどを、身につけるようになった。こうした政治戦略は反植民地運動の射程を否応なく狭め、せいぜいのところでも、領域的には植民地の境界の内側へ、政治的には植民地国家機構の枠内へと押し込めてしまった。

植民地主義それ自体の構造的制約の数々もまた、その反対者たちのエネルギーをパン・ナショナルやトランスナショナルな目的よりも、ナショナルな目的に向かわせるのに貢献した。反植民地活動家が支持者とつながり、メッセージを広めるために頼りにした運輸とコミュニケーションのインフラストラクチャー、つまり、道路、鉄道、郵便制度、新聞などは、大部分が植民地の境界線の内部に収まっていた。こうした人びとの運動にもっとも直接的かつ決定的な力を行使した政治上・軍事上の下級公務員、すなわち〔末端行政単位の〕首長、警察官、治安判事、兵士などは、植民地当局のエージェントであった。反植民地運動の目的が権力を動かすための制度を手中に収めることであるならば、植民地国家こそがその主要な標的となった。植民地国家の奪取によって得られるものは直接的かつ明白であり、歳入の管理、支持者のための雇用など、独立運動の指導者たちが到底無視できない種々の特典が含まれた。しかしそれはまた、指導者たちに政治的束縛を課すことにもなり、ほかのさまざまな主権のあり方を探る余地を狭めてしまった。独立運動の指導者たちは、官僚機構、法体系、境界線で囲われた領域といった、先行する植民地当局によってすでに用意されていた既得権益を獲得した。このことは、すくなくとも、国民国家をつくり出すための基礎を提供した。だがそれは、ほかの選択肢を議論の俎上から外してしまいもしたのである。

植民地の境界線は別の問題ももたらした。これらの境界線が、植民地以前からの文化的帰属や国家構造という文脈に照らしたときに、どれだけ人工的なものであったとしても、境界線を引き直そうとする試みはすべからく、別個の既得権益を有する隣接植民地のナショナリストたちとの紛争を引き起こすリスクをともなった。独立したてのアフリカの国々が一九六三年に創設したアフリカ統一機構の設立原理のひとつは、これらの国々が先行する帝国から受け継いだ政治的境界線の不可侵性であった。植民地の境界は、初期設定として、ネーションの境界になったのである。

悲劇としての国民国家

国民国家をうち立てようとする努力の問題点は、それらの努力が、植民地内部の別々のコミュニティのあいだにある、地域、職業、言語、民族などのさまざまな差異を、しばしば増幅させてしまうことにあった。その結果は往々にして、内戦、民族浄化、強制移住となった。第二次世界大戦の終わり以来、主権国家どうしの戦争よりも、国家内部における民族集団、宗教集団、人種集団間の紛争のほうがはるかにたくさん起こり、はるかに多くの死者を出してきた。ある数え方によると、一九四五年から一九九九年のあいだに、国家間戦争の数はわずかに二五だけだったのに対して、一二七の内戦が起きた。これらの内戦による死者数は一六二〇万人で、国家間戦争で亡くなった三三〇万人を大きく上回った。内戦にもっとも苛まれた地域は、アフリカ、アジアなど、脱植民地化の第三波を経験したところだった。これらの紛争は弱い国家、あるいはいわゆる失敗国家のせいにされることが多い。しかし、領域的境界が帝国列強によって恣意的に押しつけられた植民地国家を、市民としての共通のアイデンティティを構成員が分かちもつことを期待する国民国家へと変換する、その課題の気の遠くなるような難しさに紛争の原因を帰すほうが、多くの場合、より正確であろう。これらの新しい諸国家の多くは、まだ誰の手によってそのかたちと性格が定まるかわからない状況にあり、さまざまな民族集団、宗教集団、言語集団などが結果を決めるために相争っていた。こうして広範にわたる無秩序と破壊が不可避的にもたらされたのである。

一九四七年にインド亜大陸が分割されてインドとパキスタンという独立国家になったとき、二〇世紀におけるポスト植民地のネーション建設の事例のなかでも、もっとも凄惨でトラウマを残す事態が発生した。イギリスは数十年間にわたって、議会議員で構成される委員会の派遣、政府による円卓会議開催、憲法に関する青写真の提示といった取り組みをしてきたが、植民地支配体制にどのような種類の国家が取って代わるかについてのコンセンサスは得られなかった。イギリスが撤退を準備するなかで、多彩な集団、すなわちヒンドゥー教徒やムスリムやシク教徒、ベンガル人やパンジャブ人やタミル人、藩王や共産主義者、指定カーストや指定部族などが、優位に立とうとしのぎを削った。インド国民会議派とムスリム連盟との対抗関係が、政治の舞台で大きな注目を浴びた。両者は相容れない目的を追求し、ヒンドゥー教徒とムスリムの集団間暴力《コミュナル》を加熱させたため、イギリス領インドは混沌の瀬戸際にまで追い詰められた。まもなく、分離独立《パーティション》がこの手詰まり状態への唯一の解決策であると考えられるようになった。ムスリムのための（しかし、シク教徒やほかのさまざまな宗教集団や民族集団のためのものではなかったが）別個の国家を設立するという決断がなされたあとですら、亜大陸の住民の多くは分離独立の意味するところをほとんど理解していなかった。どこに新しい境界線があり、自分がどちらの国に属することになるのか皆目わからない者もいた。ヒンドゥー教徒とムスリム双方の過激主義者たちは、もう一方のコミュニティの人びとに対して、組織だった民族浄化キャンペーンを開始した。おそらく一〇〇万人もの人びとが殺され、数万人の女性がレイプされたり、手足を切断されたり、誘拐されたりし、そして、推計で一二〇〇〜二〇〇〇万人の難民が故郷から逃げ出すことを余儀なくされ、人工的な境界を越えた先の見知らぬ土地で身を寄せる場所を探さなければならなかった。これは、報復をともなうネーション建設であった。そのあとには、現在までに三度の戦争があったインドとパキスタンの長引くいがみ合いの伝統と、うちひとつがバングラデシュの創出に帰結することになる、さらなる数々の分離運動とが残された。

戦後のパレスティナでもよく似た危機が展開した。ここでもイギリスの無数の政府報告書は、それぞれが自らの国民国家を要求する、委任統治領のユダヤ人入植者とアラブ人住民とのあいだのますます手に負えなくなっていく分断を解決することができなかった。政治秩序と公共の治安が崩壊すると、イギリスはパレスティナからの撤退を発表し、危機解決の責任を国際連合の手に委ねた。国際連合は分離独立の計画を提案し、ほとんどのユダヤ人はこれを受け入れたが、アラブ人指導者はこぞって拒否した。一九四七年後半に内戦が勃発し、新たに設立されたイスラエルという国家に有利なかたちで事実上の分離独立へといたった。ユダヤ人勢力は、広い領域にわたって民族浄化を実行することで戦果を確実なものにした。これは、五〇〇を超えるアラブ人村落の破壊、主要都市のアラブ人居住区の一掃、およそ八〇万人のアラブ人の先祖伝来の故郷からの強制移住をともなった。南アジアと同様に、その結果としての怒りの感情と紛争が今日まで続いている。

パレスティナ／イスラエルは、ひとつの重要な点において特異だった。つまり、入植者たちが頂点に立ったという点である。ほかの場所ではほとんどの場合、入植者たちは、植民地が国民国家になるときにそこから逃げ出す傾向にあった。その脱出の規模と速度は驚異的なものになりえた。アルジェリアでは、独立後数か月のうちに約六五万人の入植者がその地を見捨て、大量出国が終わりを迎えるころまでに、一三八万人のピエ・ノワールがフランスに、さらに五万人がスペインへと移住していた。オランダがインドネシアを失ったときには、その新たに独立した国から逃げ出した三〇万人の故地喪失者たちの居場所を本国に確保しなければならなかった。ベルギーは、一九六〇年にコンゴの植民地支配があの驚くべき速度で崩壊したとき、八万人の入植者と一万人の官吏を吸収する必要があった。ポルトガルは、人口に関する、さらにうんざりとさせるような難題に直面した。アフリカにおける自らの帝国が内側から崩壊したあと、五〇万人の入植者と二〇万人の兵士が本国へと引き揚げてきたからである。総じてみれば、第二次世界大戦後の数十年間で、およそ五四〇〜六八〇万人の入植者、官吏、兵士が旧植民地から西ヨーロッパへと戻った。

最大のヨーロッパ植民地帝国であったイギリスは、人種を理由に本国での権利を主張しうる潜在的難民の数ももっとも多かった。とはいえ、こうした植民者がもともといた土地から引き離されても、イギリス帝国の広大な規模と多様性のために一定の数の選択肢が用意されていたので、本国へ引き揚げた者の数は最小限に抑えられた。一九四七年にインドから逃げ出した者の多くは、アフリカの諸植民地やオーストラレーシアの諸ドミニオン〔オーストラリアとニュージーランド〕に避難先を見つけた。西アフリカと東アフリカで脱植民地化が進展すると、これらの新たな独立国に歓迎されていないと感じた白人たちは、本国に引き揚げる代わりに、気候や文化が肌に合うローデシアや南アフリカへと向かう場合が多かった。アメリカ合衆国やカナダを含む、より広い英語圏の世界もまた、多くの人びとを引き寄せた。

イギリスは植民地からの白人難民の大量流入を回避したとはいえ、脱植民地化が引き起こす人口学上の大変動を免れたわけではなかった。各地の植民地経済の内部においてニッチを築いてきたディアスポラやマイノリティのさまざまなコミュニティは、土着主義の暴力の標的となった。こうした人びとのなかには、東アフリカの新興独立諸国から追い出され、イギリスに避難した数万人の南アジア人がいた。イギリスでは、この南アジア人の到来によって、イギリス国籍法の諸原則を逆行させ、非白人の諸人民の移民を制限しようとする動きが加速した。ほかにも、ネーション建設プロジェクトの犠牲になった多くの人びとがいた。ビルマでは、マジョリティの仏教徒が国の支配権を確保するにつれて、ヒンドゥー教徒、ムスリム、部族の諸コミュニティの立場が劇的に悪化した。数十万人のセファルディムのユダヤ人が、新たに独立した多数のアラブ諸国から追放された。西アフリカでは、植民地期に居留地をつくっていたレバノン人たちが、もはや自分たちは歓迎されなくなっていることに気づいた。オランダの植民地体制を軍人として支えたアンボン人キリスト教徒は、インドシアから逃げ出さざるをえなくなった。しかし、フランス軍当局に協力したアルジェリア人、すなわちアルキほど、脱植民地化の戦争で与する側を間違えて、高い代償を支払うことになった集団もないだろう。アルジェリアが独立を勝ち取ったとき、推定で一〇万人のアルキが勝者によって殺戮され、さらに一〇万人ほどがフランスへ逃れ、同地で一九七〇年代にいたるまで難民キャンプに収容された。ポスト植民地の諸政権と旧帝国列強のどちらもが、以上のような人びとに場所を提供することができなかったのである。

多くの新興独立国家が直面したより大きな課題は、それまで互いを敵視してきた諸人民、あるいは、植民地支配に対抗する政治動員の過程で互いの差異が強調されてきた諸人民のあいだに、ナショナル・アイデンティティという共通の感覚をいかにしてつくり出すかであった。この課題は、アフリカでとくに顕著だった。それは一部には、植民地の境界線が植民地化以前の政治的・民族的な連帯のあり方とほとんど関係なかったためであり、また一部には、植民地当局がほとんどの場合において強い国家機構をつくり上げられなかったことによった。クワメ・

ンクルマはこう強調した。「ファンティ、アシャンティ、エウェ、ガ、ダゴンバ、『よそ者』などと言うべきではなく、私たちは自分たちをガーナ人と呼ぶべきだ。みな兄弟姉妹であり、同じコミュニティ、すなわちガーナという国家の構成員である。私たち自身が、こうした排他的な部族主義とお互いの偏見を自分たちの心から拭い去らないかぎり、私たちはより広い同胞愛の精神を涵養することができないだろう」。これは新たな感情であったが、実現することは稀だった。新興独立諸国はほとんどの場合、分裂して内戦へと陥っていった。

コンゴでは、一九六〇年の軍の反乱がベルギー植民地体制の突然の崩壊を引き起こしたが、権力を握ったナショナリストの政府はすぐさま、この広大な中部アフリカの国のあちらこちらで分離主義的な運動に直面することになった。この危機は、冷戦下における超大国間の対抗関係や外国の鉱業会社の身勝手な干渉によってさらに深刻化し、国際連合平和維持軍の介入、パトリス・ルムンバに対するアメリカ後援のクーデタ（ルムンバの殺害に帰結）などの、状況をいっそう複雑にするもろもろの出来事を引き起こした。一九六五年にようやく、軍事独裁政権が中央政府の権威をある程度取り戻したが、内戦は同国を蝕み続け、数百万人の人びとを殺すことになる。

ポスト植民地の内戦の顕著な例が、ほかにもナイジェリア、アンゴラ、スーダンで起きた。ナイジェリアが一九六〇年にイギリスから独立を勝ち取ってから、民族間の緊張は長いこと爆発寸前の状態であったが、七年後についに、同国の南東部を占めるイボ人による分離主義運動が発生した。これにより勃発したビアフラ戦争のため、一〇〇万人が死亡した。アンゴラ内戦は、一九七五年にポルトガル支配が崩壊してすぐに始まり、数十年にわたって続いた。そこではふたつの指導的な解放運動が相争い、それぞれの運動は、異なる民族集団が優位を占める、同国内の異なる地域からの支持を受けていた。この戦争で五〇万人のアンゴラ人が死亡し、さらに数百万人が住む場所を追われた。三つ目の例のスーダンは、一九五五年の独立以来、繰り返し内戦に苦しめられてきた。主要な分断線は、ムスリムの多い北部と、精霊信仰者やキリスト教徒が多い南部とのあいだにあった。数十年間にわたる戦争と飢饉のために数百万人が死亡した。二〇一一年に南スーダンが創設されたことで、ポスト植民地のアフリカの内戦のなかでも、結果として分離が国際的に認められた希少な事例となった。ほかの場所ではたいていどこでも、植民地期から引き継がれた領域的境界が、競合する諸陣営の闘争によって変更されることはなかった。代わりにアフリカ人たちは、植民地主義がひとつの国家のなかに含み込めた諸人民の混ぜ合わせから、ネーションをつくり上げようとする努力を、その成功の度合いはそれぞれに異なるものの、積み重ねてきたのである。

冷戦がもたらしたもの

これらの紛争の多くは、アメリカ合衆国とソヴィエト連邦との冷戦下の対抗関係によって悪化した。ふたつの超大国とそれぞれの同盟国は、ポスト植民地の国家に影響力を行使できるようにするために、闘争の渦中にいる両陣営を支援し、資金、武器、軍事顧問を提供した。こうした関与はどこにおいても、敵対関係を大規模化させ、激化させ、長引かせ、そのために民間の人びとが苦しむことになった。アフリカの事例を取り上げるなら、アンゴラ内戦では、ソヴィエトとアメリカの利害の代理としてキューバと南アフリカの軍隊が介入したことで事態が悪化した。また、アフリカの角では、エチオピアと近隣諸国との領域をめぐる紛争が超大国の関与のためにより多くの死者を出す結果となった。

このようなローカルな紛争とグローバルな紛争の収斂から生じた危機のうちでもっとも深刻なものは、東アジアで発生した。そこでは、脱植民地化の結果が冷戦にとくに大きなリスクをもたらすことになった。朝鮮とベトナムが主要な火だねだった。どちらの事例も、問題は、下から生じる民族的・文化的な分断とはほとんど関係がなく、むしろ上から押しつけられた政治的分断によった。日本の植民地支配下においても、朝鮮人はナショナル・アイデンティティの感覚を強くもっていたが、戦後に半島の北部をソヴィエト軍が、南部をアメリカ軍が占領したことによって政治的統一が未然に阻害されてしまった。一九五〇年に北朝鮮が統一を力づくで成し遂げようと南部へ侵攻したことで、戦争が引き起こされ、数百万人が犠牲になるとともに、朝鮮半島がいつまでも分断され続けることとなった。ベトナムでは、フランス撤退の条件を定めた一九五四年のジュネーヴ協定が、同国の一時的な分断を規定したが、冷戦の対抗関係がこの分断を固定化させるとともに、切り離された南ベトナムを守るための長期にわたる壊滅的な戦争にアメリカを引きずり込んだ。しかし、朝鮮半島の事例とは対照的に、この闘争は一九七五年にアメリカ軍が紛争から撤退し、北ベトナムが南の隣国を圧倒して再統一を果たすかたちで終焉した。

冷戦は、これらの動乱にアメリカ合衆国とソヴィエト連邦が関与したことについての紋切り型の説明枠組みを提供するが、両国による干渉は別の仕方でも解釈できる。もしふたつの超大国を帝国として理解するならば、不安定な新興国で果たした両国の干渉的な役割は、先行する複数の脱植民地化の波のあとにほかの諸帝国が取った行動とそっくりである。たしかに、アメリカ帝国もソヴィエト帝国も、第二次世界大戦後の数十年間に解体した諸帝国とは似ていない。両国は、自らのイデオロギー上の原則と相容れないものとして植民地主義を批判し、ほかの諸人民、すくなくともその大部分に対して、直接的な帝国支配を押しつけることは慎んだ。諸国民国家からなる世界において、植民地帝国はもはや道理に合わなかったのである。アメリカ合衆国とソヴィエト連邦は、従属的な地域がすくなくとも上べだけでもネーションの主権を有するとみえるような、新しいかたちの権力を生み出した。そして、外国の事情に直接的に介入することもたまにはあったものの、より多くの場合、代理を用いたり、間接的なかたちで圧力をかけたりして自らの目的を遂げようとした。したがって、脱植民地化の第三の波は帝国を亡きものにしたわけではなく、単に帝国のやり方に修正を施しただけであった。

第5章　帝国の継続、忘却の政治

植民地帝国の崩壊と新しい国民国家《ネーション＝ステート》の勃興はともに、近代史における大変動のひとつを構成している。私たちが今日住んでいる世界は、その地政学的性格において、二〇世紀半ばに存在していたそれとは大きく異なる。当時は地球上の数多の住民が、自分たちの意思に反して外来者である帝国列強の統治下にあった。いまやほとんどすべての人民が、自分たちのネーションとしての意思を表向き体現する国家の市民となっている。グローバルな政治秩序でのこの変動の重要性は否定しえない。

同時に、植民地の過去とポスト植民地の現在とのあいだにいくつもの連続性を認め、検証することも重要だ。これらの連続性〔つまり帝国の継続〕はさまざまなレベルで見て取ることができる。それらは、第一世界でと同様に、第三世界でも政治アジェンダや経済政策を方向づけてきた。それらは、両地域のイデオロギーや文化に関わる議論を彩ってきた。それらは、旧帝国の諸人民の側でも、旧植民地の諸人民の側でも、長いこと埋められていた痛ましい記憶を取り戻そうとする近年の動きに活力を与えてきた。そしてそれらは、ソヴィエト連邦崩壊にともなって過去を現在に再現し、私たちが脱植民地化と呼ぶ現象が繰り返し起こるプロセスであることを、私たちに再認識させた。

新植民地主義と非同盟

植民地支配からの自国の解放を指導した人物たちは、ネーションとしての独立の限界を痛切に認識していた。こうした人びとは、非常に脆く、しばしば国内の不和によって引き裂かれており、たいてい弱い経済と不公平な貿易条件という重荷を背負っていた国々に権威をうち立てた。これらの新指導者のなかでももっとも明敏なひとりであったガーナのクワメ・ンクルマは、西洋がもろもろの旧植民地のうえに強い支配力を及ぼし続けるさまを述べるために、「新植民地主義」という言葉をつくり出した。こうした状況を表現するために流通したほかの言葉は、従属《ディペンデンシー》＝依存と低開発である。これらの言葉は、国際的な市場や資本へのアクセスを制限され、旧帝国支配者に有利なパトロン・クライアント関係のシステムに依存する、そうした新しい国々に突きつけられた経済的制約に特段の強調点をおいた。

おそらく新植民地主義のもっとも著しい例は、フランスが、西アフリカおよび中央アフリカの旧植民地の国々ともった関係であろう。このラ・フランサフリックとして知られる関係は、「よりよく留まるために立ち去る（partir pour mieux rester）」というモットーに特徴づけられてきた。かつてフランスの植民地だったアフリカ諸国は、数十年間にわたって、自国通貨を固定相場でフランスのフランに連動させ、外貨準備のほとんどをフランスの国庫に預け続けた。それらの国々の自然資源はフランスの会社との非常に気前の良い契約のもとで搾り取られ続ける一方、それらの国々のビジネスと官僚制に対してはフランス人の専門家たちが尋常ならざる影響力を行使し続けた。フランスは域内各地で軍事基地の管理を維持し、駐留部隊を使ってホスト国の国内政治問題に介入した。一九六〇年以来、フランスは二〇を超える回数の軍事行動を起こして、協力的な政権を権力の座に留めるとともに、言いなりにならない政権を倒してきた。

第三世界のほかの場所でも、新たに独立した国々は旧宗主国による軍事介入——そのもっとも劇的で悲惨な好例は、一九五六年にスエズ運河を取り戻すためにイギリスとフランスが共同でエジプトに侵攻したことだ——を耐え忍んだが、ポスト植民地の強制のよりありふれた形態は、国際通貨基金や世界銀行のような国際機関によってもたらされた。両機関は貧しい国々に対し、財政援助の見返りとして、社会に破壊的影響をもたらす金融政策を課した。さらに、国際連合や非政府組織（ＮＧＯ）などの表面上は独立的な諸機関による支援のもと、開発プロジェクトを監督するためにこうした貧しい国々にやってきた技術専門家は、その多くがかつての植民地当局者であり、しばしば過去の偏見やパターナリズムが身に染みついていた。

これらのかつて植民地であった諸国家の指導者たちは、新たな帝国になろうとする支配者の経済的・政治的な影響力を回避するため、互いにトランスナショナルな連携をつくり出そうとした。こうした努力は、かつての地域連邦や民族名にパンを冠したプロジェクトへの呼びかけと似たものだった。植民地として従属状態にあった歴史を共有する国々をまとめ上げようとするこのような試みのうち、もっとも注目に値するのは、一九五五年にアフリカ、アジア、中東の二五か国からの代表がインドネシアに集まったバンドン会議である。同会議は、「そのあらゆる発現形態において」植民地主義を非難し（つまり、西洋列強のみならず、ソヴィエト連邦による植民地主義の実践にも暗に反対していた）、参加者の共通の望みであった経済協力、人権、世界平和を求める高邁な宣言を発した。とはいえ、実践的な取り組みの方法という点では、同会議が生み出したものはほとんどなかった。そうではあるものの、バンドンは、まもなく第三世界として知られるようになる新たな地政学的存在の、国際舞台への登場を告げたのである。これに続けて、ふたつのアジア・アフリカ人民連帯会議（一九五七年、一九六一年）、全アフリカ人民会議（一九五八年）、非同盟運動の形成（一九六一年）があった。しかしながら、第三世界を構成する諸ネーションは、冷戦のもたらす制約から自らが抜け出すことにも、主権国家としての各国の国益とイデオロギー上の分断という懸隔を超えて共通の土台をつくり出すことにも困難を見いだした。これらの諸力を逃れるのにおそらくもっとも成功した戦略は、石油を産出する諸ネーションの経済同盟である石油輸出国機構（ＯＰＥＣ）だろう。その構成国はおもに、中東、アフリカ、東南アジアの脱植民地化した諸国家であった。一九七三年、ＯＰＥＣは石油禁輸措置によって西洋の諸経済圏を屈服させることに成功した。

抵抗のもうひとつの方途には、西洋的な価値観や生活様式を拒否することがあった。このアプローチにも長い系譜があり、その系譜は土着の、そして植民地支配下であらためて強く主張されるようになった、さまざまな文化的伝統に深く根ざしていた。たとえばインドでは、モーハンダース・ガーンディーとラビンドラナート・タゴールの両方が、これらの伝統を用いて、西洋工業文明を過度に物質主義的なものとして批判し、ガーンディーは著書『ヒンド・スワラージ』（一九〇九年）でそれを病気だとこき下ろした。こうした批評のポスト植民地バージョンは、イデオロギー上および認識論上における西洋の影響を逃れようとした。ケニアの小説家グギ・ワ・ジオンゴは同じ国の人びとに対して、西洋諸言語を拒み、土着の諸現地語《ヴァナキュラー》を大事にするように呼びかけ、『精神の脱植民地化』（一九八一年）のなかで旧植民地の諸人民の心理的解放はそれにかかっていると主張した。冷戦後、一九九〇年代の経済のグローバル化のなかで注目されるようになったポストコロニアル・スタディーズの興隆は、やはり、西洋的な思考様式が大勢の認識を支配していることに挑戦し、植民地経験から引き出される共通のアイデンティティの感覚を生み出そうとする試みであったとみることができるだろう。

ポスト植民地の諸国家が植民地であったという過去からなかなか抜け出すことができなかったのに対して、ポスト帝国の諸国家のほうは驚くほど簡単に植民地なき世界へと移行しおおせたようにみえた。そのとおりではあろう。だが、旧植民地から押し寄せた難民の洪水は、難民の人びとが構成員としての資格を主張する本国の国々を圧迫することになった。すくなくともふたつの事例で、脱植民地化によって課された圧力が本国での大きな政治危機の原因となった。一九五八年には、アルジェリア紛争がフランス第四共和政の崩壊を招いた。そして、一九七四年には、アフリカでの反乱鎮圧作戦による重い負担が、ポルトガルの独裁政権を転覆する軍事クーデタを引き起こした。しかし、より重要なのは、ヨーロッパ諸国が帝国の喪失から回復したその速度である。たとえばフランスは、ヨーロッパ経済共同体に新たな存在理由を見いだし、それはのちにヨーロッパ連合となった。ヨーロッパ諸国は、世界のかつて自らが支配した部分から完全に撤退しきることはなかったが、互いのあいだで経済的・政治的な同盟を築き上げた。この同盟は、すくなくとも近年にいたるまで、帝国に代わるものとして大きな成功を収めてきたのである。

記憶と忘却

一八八二年の講演「ネーションとは何か?」で、フランスの歴史家エルネスト・ルナンはこう述べた。「忘却、あるいは歴史的誤謬と言ってもかまいませんが、それこそがネーションの創造に不可欠な要因なのです」と。彼の議論によると、これが必要なのは、ネーションとは「皆殺しとテロ」のキャンペーンによって形成されるものであり、もしネーションが血塗られた起源を克服して長く持ちこたえる存在になろうとするならば、そうしたキャンペーンは架空の歴史によって忘却されるか、あるいは、ぼやかされなくてはならないからである。ルナンはここで、フランスというネーションが暴力をともなって誕生したことを念頭に置いている。しかし、彼の透徹した洞察はむしろ、その後に続いてきたポスト植民地のネーション建設のさまざまな歴史にこそ、しっくりと当てはまるように思われる。

最近まで、イギリス領インドの分離独立についてのほとんどの記述は、ハイ・ポリティクスに焦点を当て、マウントバッテン総督、インド国民会議派の指導者であるガーンディーやネルー、そしてムスリム連盟の指導者ムハンマド・ジンナーのあいだで繰り広げられた計算や交渉を検証するものだった。これはたしかに重要な主題ではある。しかし、こうした記述では、パンジャブやベンガルで生活が滅茶苦茶にされた数百万の普通の人びとの経験が見過ごされてしまった。こうした人びとの多くにとって、分離独立の大混乱と、それが身体や心にもたらしたトラウマになんとか対処する唯一の方法は、自ら進んで健忘症の状態へと引きこもることであった。インドとパキスタン／バングラデシュという国家も、自国の独立史を祝賀的に描くことでこうした健忘症を助長した。過去十余年のあいだに、歴史家、映像作家、脚本家などが、

〔時間の〕隔たりと〔出来事の〕否定という障壁を打ち破り、分離独立を生き延びた人びとの長らく抑え込まれていた記憶を掘り起こして記録しはじめた。オーラル・ヒストリーのプロジェクトや社会史などの取り組みは、分離独立が個々人に残した私的な傷跡を公的な場へと引き戻し、議論やモラル上の省察を喚起した。

　ほとんどのポスト植民地の国々は、自国が誕生したときの辛い状況を見直すまでにはいたっていない。心の傷はしばしばあまりにも生々しく残り、政治への影響が大きすぎる。政権によっては、そうした調査を容認できないほどに不安定なだけだという場合もある。ほかの事例では、これらのネーション建設プロジェクトにもっとも高い代償を支払ったコミュニティがもはや存在せず、厄介な問題になりえない。たとえば、現在イスラエルとなっているところにかつて存在したパレスティナ人の多くの村々は、森や公園やその他のオープンスペースになっており、そこに以前いた住民たちの存在が公共の記憶《パブリックメモリー》から消し去られてしまった。近年、多くの国々で真相究明と和解のための委員会がつくられてきているが、ほとんどの場合、それらの焦点となるのはより最近の政治的トラウマであった。ただし、これらのうち、ほかの委員会のモデルにもなった南アフリカの委員会は例外であり、黒人マジョリティによる支配をめぐる闘争、つまり、実質的には脱植民地化の戦争であったものに付随した数々の犯罪となんとか折り合いをつけようとした。

　かつて世界の大半を支配したヨーロッパ諸国ではどこでも、自国が帝国であったときの過去

図版 11　これら 4 人の老齢のケニア人原告は，マウマウの反乱の期間中に彼らを拷問したかどでイギリス政府を訴えることに成功した。2012 年の画期的訴訟は，帝国が長く尾を引いていることを劇的に示すことになった。

の記憶に大衆文化がノスタルジックな輝きを与えた。ところが、近年になって、脱植民地化のトラウマがこれらの国家やその市民のもとへと舞い戻り、絶えずつきまとうようになった。帝国からの撤退の見苦しい側面が、多くの公的な論争や訴訟事件で暴露されてきた。二〇〇〇年には『ル・モンド』紙が、アルジェリア革命を粉砕しようとフランス軍が活動したとき、その手による拷問に苦しまされたというアルジェリア人女性ナショナリストの衝撃的な証言を公表した。この記事が、拷問、暗殺、大量収容、その他の虐待に関するさらなる暴露を呼び、この汚い戦争の期間中のフランスの行動について、痛苦をともなう国民的な議論を生み出した。二〇一一年と二〇一三年にはオランダの裁判所が、インドネシアの独立闘争の際、オランダ軍の兵士がふたつの村で数百人の罪のない民間人を虐殺したという判断を下した。その結果、オランダ政府がインドネシアの人民に対して公式に謝罪し、犠牲者の配偶者のうちで生き残った人びとに賠償金を支払うことになった。これは、あの血みどろの闘争のさなかに起きたオランダ軍の戦争犯罪を暴こうとする、オランダの法律家や歴史家などのより広範な努力の一部であった。そして二〇一二年にはロンドンの高等法院が、マウマウの反乱の際に植民地軍から受けた拷問に対する損害賠償を求める老齢のケニア人四人のために起こされた訴訟について、その意義を認め、訴訟を進めることができると判断した。これをきっかけとしてイギリス政府は、これらの原告および彼らと同様に虐待の被害を受けたほかのケニア人生存者五二二五人に対して、二〇〇〇万ポンドの賠償金を支払い、法廷外で示談するにいたった。この行動を促したのは、政府が秘密の文書保管所を有していたという衝撃的な発見であった。そこに隠されていたファイル群は、ケニアの非常事態期間における拷問やその他の超法規的活動を、ホワイトホールの本国政府が認可していたことを確証するものだったのである。さらに、これらのファイルは、当局が一般の目から秘匿してきた、帝国の終焉に関する政治的に危険な記録のほんの一部にすぎなかった。こうした記録が公開され、検証に供されれば、イギリスの脱植民地化に関する論争や再評価にさらに拍車をかけるだろうことは疑いない。

帝国の継続

諸帝国はもはや過去の存在であるとか、脱植民地化のトラウマは遠い昔の記憶に関わるものにすぎないとか結論づけてはいけないので、この物語を脱植民地化の第三波で終えることはできない。第二次世界大戦後の数十年間でヨーロッパの諸植民地帝国が崩壊するなか、アメリカ合衆国とソヴィエト連邦はその欠片を拾い集め、新しい帝国を築いた。両帝国は、冷戦の数十年間にほかのさまざまな国家や社会に対して影響力を行使した。ソヴィエト連邦の崩壊が冷戦に突然の終焉をもたらすと、それはまた新たな脱植民地化の波を引き起こした。ソヴィエトは従来型の植民地帝国を領有することはなかったが、非ロシア系の諸人民や諸地域に対して、植民地支配に準じるような支配をおこなった。それらの人民や地域は、ソヴィエト連邦の内部へと組み込まれ、モスクワによる独裁的な支配のもとに従属させられたのである。さらに、ソヴィエトは第二次世界大戦後に勢力下に入った東ヨーロッパの諸国家に傀儡政権を立てるとともに、フランスやイギリスがそれぞれの帝国の各地で示したのと変わらない冷酷なまでの決然さで、一九五三年の東ドイツ、一九五六年のハンガリー、一九六八年のチェコスロヴァキアでの諸反乱を鎮圧した。

これ以前の複数の脱植民地化の波と同じように、ソヴィエト帝国の脱植民地化も帝国間のグローバルな戦争の余波だとみることができるだろう。冷戦で、ソヴィエト連邦とアメリカ合衆国は荒廃をもたらすような直接の軍事衝突にはいたらなかったものの、世界中を巻き込む闘争に関与したことで両国の経済資源や制度上の構造に多大な負担がかかった。ソヴィエトにとっては、一〇年間にわたるアフガニスタンでの戦争（一九七九〜八九年）があまりにも耐えがたいものであり、共産党政権の政治的崩壊を引き起こし、ひいては帝国の解体へとつながった。

この脱植民地化の第四波は、相互に関連しつつも異なる、いくつかの進展をともなった。第一に、もともとは第一次世界大戦後に誕生した中部および東部ヨーロッパの諸国民国家が独立を回復した。アルバニア、エストニア、チェコスロヴァキア、ハンガリー、ブルガリア、ポーランド、ユーゴスラヴィア、ラトヴィア、リトアニア、ルーマニアが、ソヴィエト連邦に多かれ少なかれ奪われていた政治的な自律性を取り戻した。第二に、一九九一年のソヴィエト連邦自体の解体によって、第一次世界大戦後はソヴィエト国家にその構成要素として組み込まれていた数々の「共和国」が、アゼルバイジャン、アルメニア、ウクライナ、ウズベキスタン、カザフスタン、キルギスタン、ジョージア、タジキスタン、トルクメニスタン、ベラルーシといった独立国としての主権を主張できるようになった。ソヴィエト帝国の残骸から生まれた諸国家は、ネーション建設プロジェクトを遂行していくなかで、国を弱体化させる紛争に巻き込まれていった。隣接する国家間では領土をめぐる紛争が起こり、各国家の内側では異なる民族集団、宗教集団、言語集団のあいだで暴力的な衝突が生じた。たとえば、アルメニアとアゼルバイジャンは、双方が領有を主張する地域をめぐって戦争に突入した。ジョージアやタジキスタン、その他の新たに立てられたさまざまな国で民族間の暴力が発生した。ほかのところ、とくに中部および東部ヨーロッパでは、より小さく、民族的により均質なまとまりへと国家が分解した。この過程は、チェコスロヴァキアでは平和裏に進み、チェコ共和国とスロヴァキアへと分離した。しかし、ユーゴスラヴィアでは、その将来をめぐって凄惨な戦いが長く続き、最終的にクロアティア、コソヴォ、スロヴェニア、セルビア、〔ボスニア＝ヘルツェコヴィナ〕、マケドニア、モンテネグロへと細分化した。これらの騒乱はほとんどの場合、かつての脱植民地化の波がともなった無秩序の特徴をすべて備えていた。

これらの問題をさらに悪化させたのは、帝国のいくつかの部分を維持しようとしたり、取り戻そうとしたりするロシアの執拗な努力であった。先行する諸帝国のほとんどがそうであったように、ロシアは従属下に置いた諸人民や諸領域を手放したがらなかった。コーカサスでは、チェチェンや隣接するムスリムが多数派を占める諸地域の支配を維持するために荒々しく戦った。ジョージアとは戦争に突入した。ウクライナ領のクリミア半島を併合し、ウクライナ東部の諸州に侵攻した。これらを含む攻撃的な行動は、ロシアがいまだに帝国の喪失と折り合いをつけられていないことを示唆している。

翻って、アメリカ合衆国のほうは、ソヴィエト崩壊後、多くの識者が歴史的に前例をみないと考えるほどのグローバルな覇権を獲得した。世界情勢におけるアメリカの特別な立ち位置を表現するため、フランスの外相は「極超大国《ハイパーパワー》」という言葉をつくり出した。アメリカの軍事予算はそれに次ぐ上位一〇から一二か国の強力なネーションの軍事予算の合計をも上回っていることや、同国が世界中に一〇〇〇か所を超える軍事基地やその他の安全保障用設備を維持していることを指摘する者もいる。アメリカは世界のほぼ全域でその力を発揮できるため、帝国と呼ぶにふさわしいというのが、多くの観察者たちの評価である。しかしながら、アメリカはプエルトリコやグアムといった散在する領域に植民地支配に準じるような権威を行使してはいるものの、植民地帝国でないのは確かだろう。そうであれば、問題は、遅かれ早かれ訪れるに違いないこの帝国の崩壊が、脱植民地化の第五波とでも呼べるようなものを生み出すかどうかである。

訳者あとがき

本書は、Dane Kennedy, *Decolonization: A Very Short Introduction*（New York: Oxford University Press, 2016）の全訳である。原書は、オックスフォード大学出版局のＶＳＩシリーズという英語圏で定評のある入門書シリーズの一冊として刊行された。脱植民地化という歴史的現象についての簡にして要を得た概説書であり、国民国家を基礎的な単位とする現在の国際秩序のありかたがどのように生まれてきたのか、そしてその過程にどのような問題がともなっていたのかについて、多数の具体的な事例を示しながら説明する。第二次世界大戦後の国際秩序がさまざまな意味で問い直されている今日、日本の読者にも広く読まれる価値があると考え、原著刊行からすこし年数がたっているものの翻訳して出版することにした。

著者のデイン・ケネディは、一九五一年生まれのアメリカの歴史家で、アフリカの諸地域を主要な対象としてイギリス帝国史の研究に従事してきた[1]。一九八一年にカリフォルニア大学バークレー校で、ケニアと南ローデシア（現ジンバブエ）の白人入植者の比較研究により博士号を取得したのち、ネブラスカ大学とジョージ・ワシントン大学で長く教鞭をとった。現在の肩書は後者の大学の名誉教授である。これまでに単著七冊を含む多数の業績を生み出し、二〇二三年秋には八冊目の単著も刊行予定とのことだ。これらの主要著作のタイトルを以下に列挙しておこう。

・*Islands of White: Settler Society and Culture in Kenya and Southern Rhodesia, 1890–1939*（Durham: Duke University Press, 1987）
・*The Magic Mountains: Hill Stations and the British Raj*（Berkeley: University of California Press, 1996）
・*Britain and Empire, 1880–1945*（Abingdon: Routledge, 2002）
・*The Highly Civilized Man: Richard Burton and the Victorian World*（Cambridge, MA: Harvard University Press, 2005）
・*The Last Blank Spaces: Exploring Africa and Australia*（Cambridge, MA: Harvard University Press, 2013）

・*Decolonization: A Very Short Introduction*（New York: Oxford University Press, 2016）
・*The Imperial History Wars: Debating the British Empire*（London: Bloomsbury Publishing, 2018）
・*Mungo Park's Ghost: The Haunted Hubris of British Explorers in Nineteenth-Century Africa*（Cambridge: Cambridge University Press, *forthcoming*）

つまり、*Decolonization* はケネディの六冊目の単著ということになるが、彼の著作が日本語の書籍として翻訳出版されるのは今回がはじめてである。

＊

脱植民地化の概説書としての本書の最大の特徴は、そのコンパクトさに比して、カバーする範囲が時間的にも空間的にも著しく広い点にある。

時間の面では、通常は第二次世界大戦後の約三〇年間に限定して用いられる脱植民地化という概念を拡張し、一八世紀以来の二〇〇年以上にわたる期間を考察の対象とする。ケネディいわく、脱植民地化とはこれまで四つの波として複数回にわたって起きてきた現象であり、一般的な意味での脱植民地化である第三波に先行して、一八世紀末のアメリカ独立革命とハイチ独立に始まり新世界を席捲した第一波、そして第一次世界大戦後の旧世界、つまり中部および東部ヨーロッパでの第二波があり、最後に二〇世紀末のソヴィエト連邦解体が第四波を引き起こした、という。

ケネディは第三波を叙述の中心に据えながら、こうした長期を見わたす歴史的視野のなかにそれを位置づけることで、複数の脱植民地化の波に共通する四つのテーマを浮かび上がらせる。すなわち、帝国間のグローバルな戦争が契機となること、反植民地闘争が目標として取りうる選択肢は複数あること（結果的に成立した国民国家のかたちが唯一絶対の正解ではないこと）、広範な暴力と強制的な人口移転をともなうこと、波に洗われた後も一部の帝国はかたちを変えて生き長らえること、である。これらはいずれも、私たちが今ある世界を見るうえで示唆に富む視点を提供してくれる。

空間の面では、ケネディがもっとも詳しいアフリカの諸地域のみならず、中東、南アジア、東南アジア、東アジアの事例にも多くの紙幅が割かれ、文字どおりグローバルな叙述が展開される。それと関連して、脱植民地化の過程で撤退していく帝国の側についても、著者が専門とするイギリス帝国だけでなく、フランス、オランダ、ベルギー、ポルトガルなどの諸帝国が俎上にのせられる。単に事例を網羅するためというよりも、ここには、イギリスを特別扱いする態度への批判が込められている。つまりケネディは、ほかの帝国とは異なり、イギリス帝国は平和裏に脱植民地化を達成したと主張する一部のイギリス帝国史家の見方に異を唱え、ほかの列強と同様に「植民地の被支配者たちに対する権力を維持するためにイギリスが躊躇なく軍事力に頼り、万策尽きたときにはじめて撤退した」（一五ページ）ことを示そうとするのである。

このように本書は、時間的にも空間的にも射程を広げ、脱植民地化の名のもとにたくさんの事例を並べて比較検討することで、脱植民地化という現象の一般的特徴を描き出してみせる。その特徴でもっとも強調されるのは、非常に大きな暴力が吹き荒れたということである。

＊＊

そもそも暴力は、脱植民地化の前提となる帝国の存在や植民地主義に必然的にはらまれており、脱植民地化という秩序再編の過程でより大規模に現前した。脱植民地化をめぐる過去の歴史を語るときには、こうした現実を正視しなくてはならないというのがケネディの立場だろう。しかし、第三波のあと、ポスト帝国とポスト植民地の双方においてエリートが主導するかたちで、移行過程の騒乱についての（選択的な）記憶喪失が進行した。このことを著者は、専門家による歴史叙述の観点からも、より広い社会での公共の記憶《パブリックメモリー》という観点からも問題視する。

同時にケネディは、近年のオーラル・ヒストリーや社会史の取り組みが、暴力にさらされトラウマを抱えた普通の人たちの「私的な傷跡を公的な場へと引き戻し、議論やモラル上の省察を喚起」（一四六ページ）しつつあることに希望を見いだし、本書の随所にこうした近年の研究成果を取り入れた。広い読者層が想定される入門書の執筆を通じて、社会の集合的な記憶のあり方への介入が試みられているのである。ここには、著者の歴史家としての実践的態度を看取できる。

ケネディの目は過去にだけでなく、未来にも向けられる。本書の最後で著者は、脱植民地化の第三波のあとの二大帝国としてソヴィエト連邦とアメリカ合衆国に注目する。ソヴィエト連邦については、その解体が脱植民地化の第四波を引き起こしたものの、後継国家のロシアが失った帝国への執着を示し、さまざまな問題を生んでいることが述べられる。原著刊行後に深刻さを増したロシアのウクライナ侵攻も、その延長線上に位置づけることができるだろう。二〇二三年の今日から振り返ってみれば、この部分は執筆時点から将来を見通すような書きぶりとなっているといえる。

アメリカ合衆国についても、脱植民地化の第四波のあとに唯一存続した帝国と位置づけつつ、いずれそれが終焉することをケネディは予感している。アメリカもまたロシアのように帝国の亡霊に取り憑かれるのだろうか。そのとき、必然的に戦争・革命・テロをともなう脱植民地化の第五波と呼べるようなものが生じるのか。実際のところ、アメリカが帝国の座を降りたあとの世界の行く末について、本書は詳細な見通しを示すわけではない。しかし、これまでの研究で、イギリス帝国の過去の姿を自身が生きる同時代のアメリカとのアナロジーを通じて考え意味づけてきた著者が[2]、本書においても、アメリカ人であるという自らの当事者性を強く意識して執筆にあたった、ということはできるだろう。

こうしてみると、本書がおもに英語圏の読者に向けてアメリカ人の著者によって書かれたものであるという当たり前の事実が、あらためて認識される。なるほど日本の読者には、帝国としての日本や、東アジアにおける脱植民地化についての記述が不相応に少ないと感じる向きもあるかもしれない(3)。しかし、だからといって、本書の価値が大きく損なわれることはない。脱植民地化という現象の一般的特徴を捉えようとする本書の視点は、東アジアの事例を考える際にも有用だろう。また、歴史叙述の実践や自らの当事者性に向き合う著者の態度は、英語圏以外の読者にも、自らが属する社会の公共の記憶《パブリックメモリー》や自身の振る舞い方について省察を促しうるものである。この翻訳を通じて、原書が想定していなかった新たな読者にケネディの知見が届き、その人の思索を深めるきっかけになれば、訳者としてこれに勝る喜びはない。

＊　＊　＊

本書の翻訳には約一年をかけた。訳出に際しては、細心の注意をもっておこなったつもりである。「凡例」に示しきれなかった訳出上のポリシーについて、ここで若干補足しておきたい。まず、国民や民族に関する語彙について、nation は基本的にカタカナ表記の「ネーション」とした。例外は、nation-state を「国民国家」とし、ときおり「ネーション＝ステート」のルビを振ったことである。また、national も同様に「ナショナル」や「ネーションの」とするのを基本としたが、組織名などの固有名詞に含まれる場合に定訳にしたがって「民族」としたところや、国民国家の存在がすでに確固たるものになっていると考えられる場合に「国民の」としたところもある。他方で、ethnic は原則として「民族（の）」と訳した。また、people は必ず

「人民」と訳した。

つぎに、従属に関する語彙について、subject はほとんどの場合、「(〜に)従属する/した」「従属下の」「従属民」などと訳したが、一部で「臣民」と訳したところもある。逆に訳文で「従属」が用いられるのは、三つの例を除いて subject や subjugation を訳したところに限られる。これらの例外は、本文の六二、一〇二、一四〇ページで dependent や dependency の訳に当てたところである。

地名や人名や組織名といった固有名詞については、凡例に挙げたリファレンスのほか、各地域の地域研究の成果をまとめた事典類も適宜参照した。本書は対象が広範囲に及ぶため、東南アジア史を専門とする私には不慣れな分野に関する記述も多く、これらの事典類には大いに助けられた。

訳者の無知や不注意のために思わぬ訳し間違いがあるかもしれない。読者諸賢のご叱正をいただければ幸いである。

＊＊＊

出版に至るまでには多くの方々にご助力をいただいた。まず、この本を私に紹介して翻訳する機会を与えてくださり、丁寧な編集を施してくださったフリーランス編集者の勝康裕さんにお礼を述べたい。あわせて、白水社編集部の竹園公一朗さんには、本書の出版に向けてご尽力いただいた。お二人に心より感謝を申し上げる。
また、いつものように、家族の協力なしには仕事を進めることはできなかった。この場を借りてお礼を。歩、糸、朔、いつもありがとう。

二〇二三年八月

長田　紀之

（1）　イギリス帝国史家としての自身のキャリアについて振り返った、次の論考も参照のこと。Dane Kennedy, "An Education in Empire," in Antoinette Burton and Dane Kennedy, eds., *How Empire Shaped Us* (London: Bloomsbury Publishing, 2016), pp. 95–106.
（2）　Ibid. 参照。
（3）　これらの問題に特化した日本語書籍は枚挙にいとまがない。本書の問題関心に近い研究群としては、たとえば以下のものがある。増田弘編著『大日本帝国の崩壊と引揚・復員』（慶應義塾大学出版会、二〇一二年）、蘭信三編著『帝国以後の人の移動――ポストコロニアリズムとグローバリズムの交錯点』（勉誠出版、二〇一三年）、三尾裕子・遠藤央・植野弘子編『帝国日本の記憶――台湾・旧南洋群島における外来政権の重層化と脱植民地化』（慶應義塾大学出版会、二〇一六年）、柳沢遊・倉沢愛子編著『日本帝国の崩壊――人の移動と地域社会の変動』（慶應義塾大学出版会、二〇一七年）、蘭信三・川喜田敦子・松浦雄介編『引揚・追放・残留――戦後国際民族移動の比較研究』（名古屋大学出版会、二〇一九年）、加藤聖文『海外引揚の研究――忘却された「大日本帝国」』（岩波書店、二〇二〇年）、蘭信三・松田利彦・李洪章・原佑介・坂部晶子・八尾祥平編『帝国のはざまを生きる――交錯する国境、人の移動、アイデンティティ』（みずき書林、二〇二二年）、陳來幸編『冷戦アジアと華僑華人』（風響社、二〇二三年）。また、永原陽子編『「植民地責任」論――脱植民地化の比較史』（青木書店、二〇〇九年）と、小山田紀子・吉澤文寿・ウォルター・ブリュイエール＝オステル編『植民地化・脱植民地化の比較史――フランス－アルジェリアと日本－朝鮮関係を中心に』（藤原書店、二〇二三年）は、日本帝国の脱植民地化をヨーロッパ諸帝国のそれと並べて考察する比較史の試みである。ほかに、粕谷祐子編著『アジアの脱植民地化と体制変動――民主制と独裁の歴史的起源』（白水社、二〇二二年）は、アジア各国の事例を取り上げている。アジアだけに焦点を絞っているのではないが、日本語で読める脱植民地化研究の最新の成果として、荒川正晴ほか編『冷戦と脱植民地化Ⅰ　二〇世紀後半』、同『冷戦と脱植民地化Ⅱ　二〇世紀後半』（岩波講座世界歴史第二二巻・第二三巻）（岩波書店、二〇二三年）を挙げておきたい。とくに第二二巻は本書の問題意識に近い。なお、同シリーズで巻のタイトルに脱植民地化の語が用いられるのは初めてのことである。

索　　引

［ナ　行］

参照文献

序　論

UN General Assembly Resolution 1514（XV）, December 14, 1960: “Declaration on the Granting of Independence to Colonial Countries and Peoples” at http://www.un.org/en/decolonization/declaration.shtml

Clement Attlee, *Empire into Commonwealth: The Chichele Lectures delivered at Oxford in May 1960 on “Changes in the Conception and Structure of the British Empire during the Last Half Century”*（London: Oxford University Press, 1961）, 1.

第 1 章　脱植民地化の複数の波

American Declaration of Independence at http://www.archives.gov/ exhibits/charters/declaration_transcript.html

Mariano Mareno quoted in Jeremy Adelman, *Sovereignty and Revolution in the Iberian Atlantic*（Princeton, NJ: Princeton University Press, 2006）, 215.

Vladimir I. Lenin, *Imperialism: The Highest Stage of Capitalism*（1917）〔ウラジーミル・レーニン／角田安正訳『帝国主義論』光文社，2006 年〕, preface to the French and German editions, at https://www.marxists.org/archive/lenin/works/1916/imp-hsc/

Erez Manela, *The Wilsonian Moment: Self-Determination and the International Origins of Anticolonial Nationalism*（New York: Oxford University Press, 2009）.

第 2 章　グローバルな戦争が植民地にもたらしたこと

Timothy Snyder, *Bloodlands: Europe Between Hitler and Stalin*（New York: Basic Books, 2010）〔ティモシー・スナイダー／布施由紀子訳『ブラッドランド――ヒトラーとスターリン大虐殺の真実』上下，ちくま学芸文庫，2022 年〕.

Churchill comment in Archibald Wavell, *Wavell: The Viceroy’s Journal*, ed. Penderel Moon（Karachi: Oxford University Press, 1997）, 120.

Dato Onn bin Ja’afar quoted in John Keay, *Last Post: The End of Empire in the Far East*（London: John Murray, 2000）, 230.

Brazzaville statement quoted in D. Bruce Marshall, *The French Colonial Myth and Constitution-Making in the Fourth Republic* (New Haven, CT: Yale University Press, 1973), 107.

Keynes quoted in L. J. Butler, *Britain and Empire: Adjusting to a Post-Imperial World* (London: I. B. Tauris, 2002), 61〔ドナルド・モグリッジ編／堀家文吉郎・柴沼武・森映雄訳『ケインズ全集 24 巻 平和への移行：1944〜46 年の諸活動』東洋経済新報社，2002 年〕.

第 3 章　無秩序化し，再秩序化する世界

Frantz Fanon, *The Wretched of the Earth*, trans. Constance Farrington (New York: Grove Press, 1963), 61〔フランツ・ファノン／鈴木道彦・浦野衣子共訳『地に呪われたる者』新装版，みすず書房，2015 年〕.

Wm. Roger Louis, *Ends of British Imperialism: The Scramble for Empire, Suez, and Decolonization* (London: I. B. Tauris, 2006).

第 4 章　国民国家という問題

Ho Chi Minh quoted in Sophie Quinn-Judge, "Ho Chi Minh: Nationalist Icon," in *Makers of Modern Asia*, ed. Ramachandra Guha (Cambridge, MA: Belknap Press, 2014), 74–75.

W. E. B. Du Bois, *The Souls of Black Folk* (New York: New American Library, 1969), Forethought〔W. E. B. デュボイス／木島始・鮫島重俊・黄寅秀訳『黒人のたましい』岩波文庫，1992 年〕.

Kwame Nkrumah, *I Speak of Freedom: A Statement of African Ideology* (New York: Frederick A. Praeger, 1961), 168〔クワメ・エンクルマ／野間寛二郎訳『自由のための自由』新装版，理論社，1971 年〕.

第 5 章　帝国の継続，忘却の政治

Ernest Renan, "What is a Nation?" at http://ucparis.fr/files/9313/6549/9943/What_is_a_Nation.pdf〔エルネスト・ルナン／長谷川一年訳『国民とは何か』講談社学術文庫，2022 年〕.

読書案内

近年，脱植民地化に関する学識は，その主題への新たな関心と脱植民地化の遺産に対する再評価を反映して，ますます急速に質量を増してきている。読者の役に立つ一般的な資料には，次のものがある。豊富な情報を含む概論である Dietmar Rothermund, *The Routledge Companion to Decolonization*（London: Routledge, 2006）と，3つの「教科書《リーダー》」，すなわち，Todd Shepard, *Voices of Decolonization: A Brief History with Documents*（Boston: Bedford/St. Martin's, 2015），Prasenjit Duara, ed., *Decolonization: Perspectives from Now and Then*（London: Routledge, 2004），そして，James D. Le Sueur, ed., *The Decolonization Reader*（London: Routledge, 2003）である。話の筋の通った有益な記述としては，Martin Shipway, *Decolonization and Its Impact: A Comparative Approach to the End of the Colonial Empires*（Oxford: Blackwell, 2008），Michael Burleigh, *Small Wars, Faraway Places: Global Insurrection and the Making of the Modern World, 1945–1965*（New York: Viking Penguin, 2013），Martin Thomas, Bob Moore, and L. J. Butler, *Crises of Empire: Decolonization and Europe's Imperial States, 1918–1975*（London: Hodder Education, 2008），そして Martin Thomas, *Fight or Flight: Britain, France, and Their Roads from Empire*（Oxford: Oxford University Press, 2014）を参照してほしい。O. A. ウェスタッド（Odd Arne Westad）の大作である *The Global Cold War: Third World Interventions and the Making of Our Times*（Cambridge: Cambridge University Press, 2007）〔O. A. ウェスタッド／小川浩之ほか訳『グローバル冷戦史――第三世界への介入と現代世界の形成』名古屋大学出版会，2010 年〕は，ほぼ同じ話を冷戦の観点から述べている。

第 1 章で最初のふたつの脱植民地化の波として言及したもの――新世界と旧世界で発生した脱植民地化――については，以下の作品がとくに有用である。Jeremy Adelman, *Sovereignty and Revolution in the Iberian Atlantic*（Princeton, NJ: Princeton University Press, 2006），Erez Manela, *The Wilsonian Moment: Self-Determination and the Origins of Anticolonial Nationalism*（New York: Oxford University Press, 2009），Eric D. Weitz, "From the Vienna to the Paris System: International Politics and the Entangled Histories of Human Rights, Forced Deportations, and Civilizing Missions," *American Historical Review* 113, no. 5（December 2008）: 1313–43，そして，より一般的な

ものとしては，David Armitage, *The Declaration of Independence: A Global History*（Cambridge, MA: Harvard University Press, 2007）〔デイヴィッド・アーミテイジ／平田雅博ほか訳『独立宣言の世界史』ミネルヴァ書房，2012 年〕と Mark Mazower, *Governing the World: The History of an Idea, 1815 to the Present*（New York: Penguin, 2012）〔マーク・マゾワー／依田卓巳訳『国際協調の先駆者たち——理想と現実の 200 年』NTT 出版，2015 年〕がある。Susan Pedersen, *The Guardians: The League of Nations and the Crisis of Empire*（New York: Oxford, 2015）も重要だ。

特定の帝国や植民地の脱植民地化に関する鍵となる作品には，以下のものが含まれる。L. J. Butler, *Britain and Empire: Adjusting to a Post-Imperial World*（London: I. B. Tauris, 2002），Benjamin Grob-Fitzgibbon, *Imperial Endgame: Britain's Dirty Wars and the End of Empire*（Houndsmill: Palgrave Macmillan, 2011），Christopher Bayly and Tim Harper, *Forgotten Wars: Freedom and Revolution in Southeast Asia*（Cambridge, MA: Belknap Press, 2007），Yasmin Khan, *The Great Partition: The Making of India and Pakistan*（New Haven, CT: Yale University Press, 2007），John Keay, *Last Post: The End of Empire in the Far East*（London: John Murray, 2000），Wm. Roger Louis, *The British Empire in the Middle East 1945–1951: Arab Nationalism, the United States, and Postwar Imperialism*（Oxford: Clarendon Press, 1984），古典となった Alistair Horne, *A Savage War of Peace: Algeria, 1954–1962*（New York: New York Review Books, 2006［1977］）〔アリステア・ホーン／北村美都穂訳『サハラの砂，オーレスの石——アルジェリア独立革命史』第三書館，1994 年〕，Frederick Cooper, *Citizenship Between Empire and Nation: Remaking France and French Africa, 1945–1960*（Princeton: Princeton University Press, 2014），Todd Shepard, *The Invention of Decolonization: The Algerian War and the Remaking of France*（Ithaca, NY: Cornell University Press, 2006），David Anderson, *Histories of the Hanged: The Dirty War in Kenya and the End of Empire*（New York: W. W. Norton, 2005），Caroline Elkins, *Imperial Reckoning: The Untold Story of Britain's Gulag in Kenya*（New York: Henry Holt, 2005），そして，Norrie MacQueen, *The Decolonization of Portuguese Africa: Metropolitan Revolution and the Dissolution of Empire*（London: Longman, 1997）である。

ネーション建設，民族間暴力，強制移住といった諸問題については，Karen Barkey and Mark von Hagen, eds., *After Empire: Multiethnic Societies and Nation-Building: The Soviet Union and Russian, Ottoman, and Habsburg Empires*（Boulder, CO: Westview Press, 1997），Caroline Elkins and Susan Pedersen, eds., *Settler Colonialism in the Twentieth Century*（New York: Rutledge, 2005），Panikos Panayi and Pippa Virdee, eds., *Refugees and the End of Empire: Imperial Collapse and Forced Migration in the Twentieth Century*（London: Palgrave, 2011），Ilan Pappe, *The Ethnic Cleansing of Palestine*（Oxford: Oneworld, 2007）〔イラン・パペ／田浪亜央江・早尾貴紀訳『パレ

スチナの民族浄化——イスラエル建国の暴力』法政大学出版局，2017 年〕，Jeffrey Herbst, Terence McNamee, and Greg Mills, eds., *On the Fault Line: Managing Tensions and Divisions Within Societies*（London: Profile Books, 2012），Fabian Klose, *Human Rights in the Shadow of Colonial Violence: The Wars of Independence in Kenya and Algeria*（Philadelphia: University of Pennsylvania Press, 2013），そして，Ramachandra Guha, ed., *Makers of Modern Asia*（Cambridge, MA: Belknap Press, 2014）を参照されたい。帝国の衰退と脱植民地化との関係についての興味深い探求としては，Alfred W. McCoy, Josep M. Fradera, and Stephen Jacobson, eds., *Endless Empire: Spain's Retreat, Europe's Eclipse, America's Decline*（Madison: University of Wisconsin Press, 2012）を見てほしい。

最後に，帝国支配からの独立闘争に参加した人びとが書いた本も，依然として一読の価値を保っている。もっとも重要なもののうち 2 冊は，M. K. Gandhi, *Hind Swaraj*（Cambridge: Cambridge University Press, 1997［1910］）〔M. K. ガーンディー／田中敏雄訳『真の独立への道——ヒンド・スワラージ』岩波文庫，2001 年〕と Franz Fanon, *The Wretched of the Earth*（New York: Grove Press, 2005［1961］）〔フランツ・ファノン／鈴木道彦・浦野衣子共訳『地に呪われたる者』新装版，みすず書房，2015 年〕である。Richard Wright, *The Color Curtain: A Report from the Bandung Conference*（Jackson: University Press of Mississippi, 1995［1956］）; Kwame Nkrumah, *I Speak of Freedom: A Statement of African Ideology*（New York: Frederick A. Praeger, 1961）〔クワメ・エンクルマ／野間寛二郎訳『自由のための自由』新装版，理論社，1971 年〕と Ngugi wa Thiong'o, *Decolonising the Mind*（London: Heinemann, 1986）〔グギ・ワ・ジオンゴ／宮本正興・楠瀬佳子訳『精神の非植民地化——アフリカ文学における言語の政治学』増補新版，第三書館，2010 年〕にも目を開かされる。反植民地思想の概説として有用なのは，Margaret Kohn and Keally McBride, *Political Theories of Decolonization: Postcolonialism and the Problem of Foundations*（New York: Oxford University Press, 2011）である。

図版出典

1. ハイチの独立を宣言するトゥサン・ルヴェルテュール
Courtesy Library of Congress, USZ62–7861
2. スミュルナに入城するトルコ軍，1922 年
Courtesy Library of Congress, USZ62–139248
3. ゴールドコースト出身のアシャンティ人部隊，1942 年
Courtesy Library of Congress, USZ62–91955
4. ブラザヴィルのシャルル・ド・ゴール，1944 年
Courtesy Library of Congress, USZ62–136701
5. インドネシア独立を支持して戦いの準備をするジャワ人男性たち，1945 年
Courtesy Library of Congress, DIG-ppmsca-09178
6. レオポルドヴィルで独立を祝うコンゴ市民，1960 年
Courtesy Library of Congress, USZ62–130454
7. 反アパルトヘイトのポスターに写るローデシアのイアン・スミス，ロンドン
Courtesy Library of Congress, POS 6–England, no. 38（C size）〈P&P〉
8. 南アフリカのモーハンダース・ガーンディー
Courtesy Library of Congress, USZ62–116248
9. 反帝国主義闘争を描いた中国のポスター，1967 年
Courtesy Library of Congress, POS 6–China, no. 222（C size）〈P&P〉
10. カサブランカにおけるアフリカ首脳会議でのナショナリスト指導者たち，1961 年
Courtesy Library of Congress, USZ62–116242
11. ロンドンの王立裁判所の外に立つケニア人原告，2012 年
Courtesy Dominic Lipinski/PA Wire URN: 14743787（Press Association via AP Images）

訳者略歴

長田紀之（おさだ のりゆき）

一九八〇年、東京都生まれ。東京大学大学院人文社会系研究科で博士号取得。現在、ジェトロ・アジア経済研究所研究員。専門は、ミャンマー史、東南アジア史。単著に『胎動する国境――英領ビルマの移民問題と都市統治』（山川出版社、二〇一六年）、共著に『東南アジアの歴史』（放送大学教育振興会、二〇一八年）、監訳書にA・リード『世界史のなかの東南アジア――歴史を変える交差路』（太田淳と監訳、名古屋大学出版会、二〇二一年）などがある。

脱植民地化
帝国・暴力・国民国家の世界史

二〇二三年九月一五日 印刷
二〇二三年一〇月一〇日 発行

著者 デイン・ケネディ
訳者© 長田紀之
編集 勝康裕
発行者 岩堀雅己
印刷所 株式会社理想社
発行所 株式会社白水社

東京都千代田区神田小川町三の二四
電話 営業部〇三（三二九一）七八一一
編集部〇三（三二九一）七八二一
振替 〇〇一九〇‐五‐三三二二八
郵便番号 一〇一‐〇〇五二
www.hakusuisha.co.jp

乱丁・落丁本は、送料小社負担にてお取り替えいたします。

誠製本株式会社

ISBN978-4-560-09374-0
Printed in Japan

白水社の本

■マーク・ドジソン、デビッド・ガン　島添順子 訳

イノベーション

世界を変える発想を創りだす

電灯、車、電話、自動車、冷蔵庫……世界はなぜ、これほど大きく変わったのか？　社会を変えてきたイノベーションの歴史の実像。

■カス・ミュデ、クリストバル・ロビラ・カルトワッセル
永井大輔、髙山裕二 訳

ポピュリズム

デモクラシーの友と敵

移民排斥運動からラディカルデモクラシーまで、現代デモクラシーの基本条件としてポピュリズムを分析した記念碑的著作。

■エリカ・フランツ　上谷直克、今井宏平、中井遼 訳

権威主義

独裁政治の歴史と変貌

デモクラシーの後退とともに隆盛する権威主義――その〈誘惑〉にいかにして備えればいいのか？　不可解な隣人の素顔がここに！

■デイヴィッド・ガーランド　小田透 訳

福祉国家

救貧法の時代からポスト工業社会へ

エスピン＝アンデルセン激賞！「他に類を見ない重量級の小著であり、福祉国家に関心を持つすべての人にとっての決定的入門書」

■エリカ・チェノウェス　小林綾子 訳

市民的抵抗

非暴力が社会を変える

三・五％が動けば社会は変わる！　暴力より非暴力の方が革命は成功する！　世界中で話題をさらったハーバード大教授による現代革命論。斎藤幸平さん推薦！